University of
ester

last date stamped
late return of

«Die Zonenkinder und Wir» beschreibt die ungewöhnliche Geschichte der Wirkung und Rezeption eines Buches. Wie kaum ein anderes Buch in den letzten Jahren hat Jana Hensels «Zonenkinder» zur Entstehung und Ausbreitung einer öffentlichen Debatte beigetragen. Provokative Thesen über die Erinnerung an eine Jugend in der DDR und die Anpassung an ein Erwachsenwerden in der neuen BRD, die polarisierende Wir-Perspektive der Autorin und die Einordnungsprobleme des Textes zwischen Sachbuch und Literatur, Autobiografie und Generationenbild, zwischen Fiktion und Realität der Erinnerung – all das hat eine umfassende Kontroverse in den deutschen Feuilletons hervorgerufen.

Dieses Buch beinhaltet Äußerungen von Kritikern und Lesern und schließlich von der Autorin selbst zum Phänomen «Zonenkinder».

«Zonenkinder» liegt als Rowohlt Taschenbuch vor (rororo 23532).

Tom Kraushaar (Hg.)

Die Zonenkinder und Wir

Die Geschichte eines Phänomens

Mit einem Nachwort von Moritz Baßler

Rowohlt Taschenbuch Verlag

LIBRARY

ACC. No. 36081912

DEPT.

CLASS No. 833.91 HEN

UNIVERSITY OF CHESTER

LIS - LIBRARY

Date | Fund

3|10|08 | f

Order No.

19670768

University of Chester

Originalausgabe
Veröffentlicht im Rowohlt Taschenbuch Verlag,
Reinbek bei Hamburg, Juni 2004
Copyright © 2004 by Rowohlt Verlag GmbH,
Reinbek bei Hamburg
Umschlaggestaltung any.way
Barbara Hanke/Cordula Schmidt
Satz Egyptienne und Interstate PostScript
bei KCS GmbH, Buchholz/Hamburg
Druck und Bindung Clausen & Bosse, Leck
Printed in Germany
ISBN 3 499 23672 9

Inhalt

Vorwort

Im Sommer 2002 trat im Osten Deutschlands das Wasser über die Ufer der Elbe. Vielleicht fing damit das Ende einer unnatürlichen, über zehn Jahre andauernden Stille an.

Natürlich hatte es nach dem Verschwinden der DDR hier und da Versuche gegeben, die Erinnerung an dieses Land in den öffentlichen Diskursen zu etablieren, so etwa in Leander Haußmanns Film «Sonnenallee», um nur ein Beispiel zu nennen. Doch blieben sie weitgehend erfolglos. Noch 1996 hielt es Thomas Brussig in einem *Spiegel*-Interview «für ausgeschlossen, dass es zu einer wirklichen Auseinandersetzung mit der DDR noch einmal kommen wird». Im Sommer und Herbst 2002 jedoch wurde das kontroverse Gedenken an die «verlorene Heimat» der Ostdeutschen zur Leitdebatte in den Feuilletons. Jana Hensels Buch «Zonenkinder», im September 2002 erschienen, hat dabei vermutlich weniger zur Konstruktion einer ostdeutschen Identität beigetragen als etwa das Elbehochwasser, und Wolfgang Beckers Film «Good Bye, Lenin» im folgenden Jahr hat bestimmt im In- und Ausland mehr Aufmerksamkeit für das Thema erzeugt. Doch in einer Hinsicht ist das Buch stärker als alle anderen Medienereignisse wirksam gewesen: indem es Begriffe schuf, mit denen bis heute hitzig gestritten wird, und indem es Fragen aufwarf, Fragen nach der Erinnerung an die DDR und welche Rolle diese Erinnerung in einem vereinten Deutschland spielen soll oder darf.

Die Aufnahme des Buches durch das Feuilleton war dabei keineswegs einheitlich positiv. Im Gegenteil, «Zonenkinder» provozierte heftige Kritik; dennoch war Jana Hensels Debüt ein außergewöhnlicher Publikumserfolg (im ersten Jahr nach dem Erscheinen verkaufte sich das Buch über 160 000-mal und war durchgehend auf der *Spiegel*-Bestsellerliste). Beide Phänomene unterliegen unterschiedlichen Mechanismen und haben verschiedene Ursachen, für beide aber gibt es einen gemeinsamen Auslöser: das Wörtchen «Wir».

Dass in Jana Hensels Erinnerungen der Charakter der DDR als Unrechtsstaat keine hervorgehobene Rolle spielt und dass sie die neunziger Jahre als eine Phase der Anpassung an westdeutschen Lebensstil beschreibt, wäre wohl kaum so brisant, hätte Jana Hensel dabei nicht suggeriert, für eine Gruppe, eine Generation zu sprechen. Ob beabsichtigt oder nicht, erst die Generationsthese hat viele ostdeutsche Kritiker zu heftigem Widerspruch provoziert; und erst dieser Widerspruch hat die Auseinandersetzung mit der DDR wieder in die Kulturseiten der Zeitungen gebracht.

Auf die meisten Leser aber hat Jana Hensels «Wir» völlig anders als auf das kritische Feuilleton gewirkt. Begeistert nahmen sie das Identifikationsangebot an. Da verwundert es nicht, dass der Verkaufserfolg «Zonenkinder» vor allem ein ostdeutscher Erfolg war; allein in einer Buchhandlung in Magdeburg wurden fast so viele Exemplare verkauft wie in Stuttgart oder Düsseldorf. Und doch handelt es sich um ein gesamtdeutsches Phänomen. Das verdeutlichen neben der immensen Resonanz im Feuilleton in Ost *und* West die insgesamt immer noch sehr hohen Verkaufszahlen auch in Westdeutschland, während das deutschsprachige Ausland viel weniger Interesse zeigt. Die Verkaufszahlen aus jener Magdeburger Buchhandlung entsprechen ungefähr dem Gesamtverkauf in den beiden Alpenländern zusammen.

«Zonenkinder» – ein nationales Phänomen also. Dazu passt, dass die Gruppe von Lesern, die wohl am intensivsten und mit der größten Identifikation auf das Buch reagiert hat, sich vornehmlich aus jungen Ostdeutschen zusammensetzt, die in den Neunzigern als Studenten oder in den späten Achtzigern mit ihren Eltern in den Westen gegangen sind. Für sie ist die alte Heimat nicht langsam verschwunden: Sie war schlagartig weg. So erinnern sie sich gemeinsam mit Jana Hensel an eine verlorene Jugend, ein verlorenes Zuhause. «Wir» zu sagen ist für sie kein Problem, da für sie damit weniger ein kollektiver Zwang als vielmehr die Erinnerung an kindliche Geborgenheit verbunden ist, und Anpassung an westlichen Lebensstil ist für sie weder «gut» noch «schlecht», sondern schlichte Unausweichlichkeit.

Die provokative und spaltende Energie von «Zonenkinder» beruht aber vermutlich darauf, dass Jana Hensel scharf an einer Altersgrenze entlanggeschrieben hat. Rostocker oder Erfurter, die 1989 nur wenige Jahre älter waren als die Autorin, haben in der Wende stärker einen politischen Wandel gesehen und die DDR nicht nur als Heimat, sondern als restriktives System; sie tragen die Erinnerungen an einen repressiven und einengenden Staat in das vereinigte Deutschland. Sie verstehen sich als Ostdeutsche: Sie waren DDR-Bürger, als sie erwachsen wurden und politisch zu denken begannen. Für sie ist «Zonenkinder» eine naive, unhistorische Verharmlosung ihrer Erlebnisse oder ein Dokument unreflektierter Anpassung an den Westen und damit medienbestimmter Verleumdung der Herkunft. Mit Jana Hensels «Wir» haben sie, so meinen sie, nichts zu tun.

Ganz anders die Jüngeren, die in den politischen Wandel gerieten, noch bevor sie kritisch-politisches Bewusstsein entwickeln konnten, und die den historischen Zusammenbruch der DDR als Teil des pubertären Verlustes von Kindheit verstehen konnten. Gern erinnern sie sich an ihre Kindheit in der DDR und bewegen sich zugleich heute selbstbewusst in einem Land, das ihnen vertrauter ist, als es der untergegangene Staat je war. Die DDR wurde vollständig in die Welt der Erinnerungen, in eine «Märchenzeit», wie Jana Hensel sagt, überführt. Die Jüngeren sehen sich nicht als angepasste Opfer der westlichen Medien- und Werbewelt, sondern basteln sich aus dem, was ihr Leben ihnen zu bieten hat, eine Identität.

In Jana Hensels «Zonenkinder» haben sich viele junge Ostdeutsche wiedergefunden. Und viele empfinden tatsächlich ebenjenes «schöne warme Wir-Gefühl», um das die Autorin die Westdeutschen noch beneidet hat. Doch das eigentliche Verdienst des Buches liegt nicht darin, dass es integriert, Gemeinsamkeiten vorgibt, sondern dass es differenziert, also Unterschiede erzeugt: Der Text entfaltet sich in dem Streit, der sich um ihn herum aufbaut, er wächst in dem, was er an Widersprüchen und Gegensätzen im vereinigten Deutschland sichtbar und bewusst gemacht hat.

«Die Zonenkinder und Wir» will die Geschichte des Phänomens und der Kontroverse «Zonenkinder» erzählen und dokumentieren. In fünf Kapiteln werden verschiedene Aspekte der Wahrnehmung und Fortschreibung des Buches aufgezeigt; Leser und Literaturkritiker schildern ihre Leseerfahrung und gehen den Fragen, die Buch und Kritik aufgeworfen haben, auf den Grund. Schließlich äußert sich auch Jana Hensel selbst ausführlich in einem Interview über ihre Erlebnisse mit dem Buch «Zonenkinder», den Umgang und die Bedeutung der Kritik, über die ostdeutsche Identität und vieles mehr. In seinem Nachwort spürt der Literaturwissenschaftler Moritz Baßler das Erbe der Popliteratur in Jana Hensels «Zonenkinder» auf.

Tom Kraushaar

Ein neues Land entsteht

Erste Stimmen

Jana Hensel war eine Unbekannte, als am 13. September 2002 ihr Buch «Zonenkinder» erschien. Einige Jahre hatte sie sich als freie Lektorin und Redakteurin der Literaturzeitschrift EDIT professionell mit Literatur beschäftigt. Doch das Buch, das sie immer schon lesen wollte, gab es noch nicht. Also musste sie es selbst schreiben. In den ersten Wochen (üblicherweise die verkaufsintensivsten) blieb das Interesse mäßig. Doch als sich im Oktober die überregionalen Wochen- und Tageszeitungen in die Debatte stürzten, schossen auch die Verkaufszahlen in die Höhe und hielten sich dort monatelang.

Den Anfang unter den großen Zeitungen machte bereits am 8. September, noch vor dem Erscheinen des Buches, Volker Weidermann in der *Frankfurter Allgemeinen Sonntagszeitung*. Mit Reinhard Mohrs umfangreichem Porträt im *Spiegel* vom 9. Oktober kam schließlich der Durchbruch. Die «Zonenkinder» wurden zum Thema.

**Die Anzeige des Rowohlt Verlages zum Erscheinen von
«Zonenkinder» im September 2002**

Eine Kindheit im Osten ...   ... und was davon übrig blieb.

Jana Hensel
Zonenkinder
176 Seiten. Gebunden
€ 14,90 (D) / sFr. 25,80

Volker Weidermann

Glückskinder der späten Geburt

Ein neues Land entsteht. Ein altes Land entsteht. Es hieß früher DDR, dann Die-fünf-neuen-Länder, jetzt heißt es Ostdeutschland, jetzt heißt es Zone. Ein vergessenes Land. Von den eigenen Bewohnern vergessen. Vom Westen ohnehin. Die Flut, die bis vor zwei Wochen das Land überspülte, hat die Menschen im Osten Deutschlands plötzlich hundertfach in Klage-, Arbeits-, Notinterviews all den anderen wieder neu bekannt gemacht. Die plötzliche Wieder-Erkenntnis einer fast schon vergessenen Zusammengehörigkeit einander reichlich Fremder löste eine Spendenschock-, eine Solidarisierungswelle bislang nicht gekannten Ausmaßes aus.

Doch die Fremdheit bleibt. Die Fremdheit wächst sogar. Der Soziologe Wolfgang Engler zitiert in seinem neuen Buch «Die Ostdeutschen als Avantgarde» eine Statistik des Sozialreports, die belegt, dass sich die Menschen in den neuen Ländern dem Raum «Ostdeutschland» zu 80 Prozent stark oder ziemlich stark verbunden fühlen. Eine Zahl, die in den letzten Jahren kontinuierlich gestiegen ist, gleichzeitig sank das Gefühl der Zugehörigkeit zur Bundesrepublik von 65 Prozent im Jahr 1992 (als man noch gar nicht auf die Idee kam, nach dem Zugehörigkeitsgefühl zu so etwas wie «Ostdeutschland» zu fragen) auf 44 Prozent im Jahr 2001. Rückbesinnung Ost, 13 Jahre nach dem Mauerfall. Warum?

Weil die Jahre nach dem November 1989 für die Ostdeutschen Jahre des Vergessens, des Verdrängens, Jahre der Anpassung gewesen sind. Weil ein ganzes Land mehr als zehn Jahre lang vor allem damit beschäftigt war, den Westen zu beobachten, den Westen zu erforschen, den Westen zu kopieren. Sich gleichzumachen, sich zu verkleiden. Den Dialekt zu verlernen, den richtigen Stil zu erlernen, den richtigen Lebensweg.

Am besten waren in diesem Wettbewerb die Jungen, die damals Kinder waren, als die Mauer fiel. Wie Jana Hensel, damals 13, heute 26, die jetzt ein Buch darüber geschrieben hat. Über die Jahre, in denen der Osten ein Unwort war, in denen man sich keine Geschichten aus der eigenen Kindheit erzählte, sondern zuhörte bei den anderen, denen aus dem Westen, um zu lernen, wie sie waren, die respektablen, die allgemein anerkannten Frühestlebensläufe, die Kindergeschichten aus dem Westen, die man selbst nicht erlebt hatte. Das Buch heißt «Zonenkinder», erscheint in dieser Woche und ist eine Art Schlusspunkt, das Zusammenfassungsbuch einer Entwicklung, die in den letzten Jahren in vielen Romanen, Erzählungen, Berichten in Büchern und auf Lesebühnen von jungen Autoren aus dem Osten wieder und wieder beschrieben und gelesen wurde. Erzählt euch eure Geschichten! Geschichten aus einem vergessenen Land. Und sie erzählten. Mit viel Erfolg. Jakob Hein, Jana Simon, André Kubiczek, Jochen Schmidt, Falko Hennig und viele andere haben, unter dem glücklichen Applaus ihrer Altersgenossen und anderer, Selbstbeschreibungs-, Weltbeschreibungstexte Ost geschrieben und damit den interessantesten Teil der jungen deutschen Literatur in den letzten Jahren geliefert. Spätestens vor einem halben Jahr von jedem relevanten Feuilleton Deutschlands ausführlich beschrieben, letzten Donnerstag sogar vom gänzlich zeitlosen Literaturteil der *Zeit* bemerkt.

Sie traten an die Stelle der Erinnerungs- und Ich-Beschreibungsbücher West, die mit so unterschiedlichen Werken wie denen von Benjamin Lebert, Judith Hermann, Benjamin von Stuckrad-Barre und Florian Illies in der zweiten Hälfte der neunziger Jahre so ungeheure Erfolge feierten. Wer sich damals die Leserrezensentenseiten der Internetbuchhandlungen ansah, konnte ziemlich genau nachvollziehen, was das Geheimnis des Erfolges dieser Bücher gewesen ist: Selbstvergewisserung, Selbstbestätigung, Selbstwiederfindung – Identifikation. Das war es, was die Altersgenossen der Autoren in diesen Büchern suchten und fanden. Und fanden sie es nicht, so fanden sie sich selbst und ihresgleichen immerhin in der Abgrenzung zu den dort beschriebenen Lebensläufen und Lebenssituationen. Eine disparate Generation vereinzelter Glückssucher ohne große, gemeinsam erlebte geschichtliche Ereignisse fand im Zeichen der Literatur zu sich und zueinander. In Abgrenzung bis hin zu Verachtung und Hass oder in begeisterter Bestätigung. Die Sehnsucht, Teil einer Jugendbewegung zu sein, wurde wenigstens beim einsamen Lesen zu Hause erfüllt.

«Wir werden es nie schaffen, Teil einer Jugendbewegung zu sein», schreibt Jana Hensel, jene Liedzeile der Gruppe Tocotronic abwandelnd, in ihrem Buch. Denn die Jugend ist vorbei, und die «Zonenkinder» haben sie mit Verdrängung und Anpassung verbracht. Ihr Buch ist, erkennbar nach dem Vorbild West, der «Generation Golf» von Florian Illies, geschrieben, ein Generationsbuch, das beharrlich «Wir» sagt, wo «Ich» gemeint ist, und eine Gemeinschaft beschwört, die es in der Wirklichkeit nie gab.

«Am letzten Tag meiner Kindheit, ich war dreizehn Jahre und drei Monate alt, verließ ich gemeinsam mit meiner Mutter am frühen Abend das Haus.» So fängt es an. Es folgen die Montagsdemonstrationen, das Ende der DDR, all das, was man inzwischen viel besser von den Fernsehbildern als aus der eigenen Erinnerung kennt. «Diese letzten Tage unserer Kindheit sind wie Türen in eine andere Zeit», schreibt Hensel. Eine Zeit, in der die Dinge des Alltags allesamt andere Namen hatten, in der die Ostsee unerreichbar fern war, Paris nur ein Traum und die Porträts von Honecker und Lenin an der Klassenzimmerwand so unveränderlich erschienen wie das Testbild im Fernsehen. Heute sind die Türen in jene Märchenzeit, wie Hensel sie nennt, fest verschlossen, denn lange Zeit wollte niemand an sie erinnert werden. Und all die Gegenstände aus jenem Museum der Kindheit verzeihen nicht, dass sie so lange schamhaft verborgen wurden. Sie sind nur noch in Umrissen zu erkennen. Sie werden von Jana

Hensel wie Beschwörungsformeln wieder und wieder angerufen und müssen mühsam aus den dunklen Erinnerungsecken hervorgeholt werden.

Dann aber glänzen sie schön und heißen zauberhaft: Pop-Gymnastik, Rollfix, FRÖSI, Leninschweiß, Germina, Wandzeitung und Neulehrer, sie nennen sich rätselhaft PA, LPG, FDJ, ESP, BMX-Bande und werden alle noch einmal im – leider viel zu kurzen – Glossar am Ende des Buches in Neuzeitsprache übersetzt. In jene Sprache, die, laut Hensel, einen guten Teil der Schuld daran trägt, dass die Erinnerungen heute so schwer zugänglich sind. Es ist eine der Hauptschwierigkeiten des Buches, die eigene Kindheit in jenem alten Land den neuen Menschen zugänglich zu machen, die schwere Aufgabe, «meine Erinnerungen in Worte übersetzen zu müssen, in denen ich sie nicht erlebt hatte und die sie mit jedem Versuch ein Stück mehr zerschlugen».

Hensel erzählt von erinnerungsseligen Runden unter deutschen Austauschstudenten irgendwo im Ausland in den neunziger Jahren, in denen glückliche Kindheits- und Jugendgeschichten hin und her erzählt wurden, der Anruf einer Fernsehsendung, eines Sportereignisses, einer Schuhmarke genügte, um gemeinsame Erinnerungen aufleuchten zu lassen. Und sie, das Zonenkind, versuchte, die eigenen Geschichten zu übersetzen, wenigstens Anklänge zu finden, Ansätze einer Gemeinsamkeit, scheiterte und verstummte schließlich. Die eigene Geschichte war zu fremd, zu uninteressant, zu glanzlos und letztlich peinlich. Einfach auch nicht wichtig genug.

Es ist natürlich kein Zufall, dass die DDR in «Generation Golf» nur zwei Erwähnungen findet. Eine erste den Kleidungsstil der Mauerüberwinder betreffend, und in einer zweiten heißt es: «Das Ende der DDR kommentierten wir mit der Werbekampagne der ‹Wirtschaftswoche›: Jede Fusion hat ihre Verlierer. Wir sind schon schrecklich.» Das war's. Das Ende der DDR hat die Generation Golf nicht wirklich interessiert. Man konnte in

Ruhe abwarten, bis die neuen Mitbürger in Kleidung, Sprache, Stil so grob auf Weststand gekommen sein würden. Vorher waren sie nicht mehr als etwas peinliche, besser verschwiegene Verwandte aus einer fremden Welt.

Die Zonenkinder, wie Jana Hensel sie beschreibt, waren sich selber peinlich. Beobachteten, lernten und imitierten, nicht ohne nach langer Zeit verzweifelt festzustellen: «Auch nach fünf Jahren im Westen hatten wir noch immer nicht gelernt, uns richtig anzuziehen.»

Jetzt haben sie es, nach langen Jahren der Anpassung, gelernt. Sie tragen den neuen Landesmantel inzwischen ununterscheidbar souverän und finden somit langsam Zeit und Sicherheit, sich zu erinnern und das Zonenkindermuseum zu entstauben. Jana Hensel hat kein Unglücks-, kein Selbstmitleidsbuch geschrieben. Im Gegenteil. Sie schreibt vom «Glück der späten Geburt» und vom Glück, zur ersten gesamtdeutschen Generation zu gehören, die verdrängungs- und lernbereit genug war, im neuen Land anzukommen, als sei es schon immer ihr eigenes gewesen. Die erste Generation, der es wichtiger ist, sich mit Menschen gleichen Alters als Menschen gleicher Herkunft zu treffen, wie es bei der Vorgängergeneration noch der Fall ist. Die Generation ist der wichtigste Bezugspunkt: «Das einige Kontinuum unseres Lebens mussten wir uns selbst erschaffen. Das ist: unsere Generation. Nur die Erfahrungen der letzten Jahre und alle Freunde, die sie teilen, bilden unsere Familie.» Und von der Herkunft, den Erstaunlichkeiten dieser Herkunft, die sie von den anderen Familienmitgliedern unterscheidet, kann man jetzt lesen.

Reinhard Mohr

Jenseits von Schkopau

Leipzig im Herbst 1989. Eingehüllt in jenen beißend schwefelhaltigen Dauersmog, der sich wie ein unsichtbares Leichentuch über die verfallenden Häuserzeilen senkte, lagen die Straßen der Stadt in einer gespenstischen Atmosphäre aus Angst, Erwartung und Ungewissheit.

Jana Hensel war damals 13 Jahre und 3 Monate alt, als sie mit ihrer Mutter an jenem frühen Montagabend das Haus verließ, um in die Leipziger Innenstadt zu gelangen. Sie musste «hohe Schuhe, Strumpfhosen und zwei Pullover unter den blauen Thermoanorak» anziehen, und niemand wollte ihr so richtig sagen, wo es hingehen sollte.

Der feine Regen, «den man nur im gelben Licht der Laternen erkennen konnte», sah immerhin «sehr schön» aus – und «in der alten Straßenbahn, deren Türen man mit der Hand aufziehen musste und die sich nie richtig schließen ließen, sodass der Wind eiskalt hereinpfiff, während man sich auf den beheizten Ledersitzen den Hintern verbrannte, waren alle Leute so komisch dick angezogen, als gäbe es an diesem Abend ein Fußballspiel oder ein Feuerwerk».

Es war vieles merkwürdig an diesem Tag – die ungewohnten Menschenmassen vor der Nikolaikirche, vor der Oper und auf dem Karl-Marx-Platz, all die seltsamen Transparente und Plakate, nicht zuletzt die Soldaten der Nationalen Volksarmee am Straßenrand, die schon ein wenig hilflos dreinschauten. Andererseits war es aber auch ganz einfach: Es war die erste «Montagsdemonstration» in Leipzig, deren Parole «Wir sind das Volk!» Geschichte machen sollte – der Anfang vom Ende der DDR.

Für Jana Hensel war es zugleich der letzte Tag ihrer Kindheit; freilich konnte sie damals noch gar nicht wissen, dass «diese letzten Tage unserer Kindheit für uns wie Türen in eine andere Zeit» sein würden, einer Zeit, «die den Geruch eines Märchens hat».

Dreizehn Jahre später ist das Märchen von Umbruch und Abenteuer schon so weit entfernt wie der Mond, und plötzlich scheint es nur noch um «verlorene Erinnerungen» zu gehen und um die Sehnsucht nach «Heimat» – «ein Ort, an dem wir nur kurz sein durften».

Jana Hensel, gerade 26 Jahre alt, formuliert in ihrem Erstlingswerk «Zonenkinder» das Motiv ihrer Recherche du temps perdu auf geradezu klassische Weise: «Ich möchte wieder wissen, wo wir herkommen.» Ein Madeleinekrümel Proust, pardon: eine Hand voll «Engerlinge» (westdeutsch: Erdnussflips), viel Selbstvergewisserung und Identitätssuche, aber ohne tiefdeutsche Sinngräbermentalität, unprätentiös und unverschmockt, präzise und klar, mit lyrischen Passagen und literarischen Ambitionen: die frühe Autobiografie einer Generation «zwittriger Ostwestkinder» – in der DDR geboren und aufgezogen, im vereinten (West-)Deutschland erwachsen geworden.

Ob Christa Wolf, Tanja Dückers, Wolfgang Engler oder Monika Maron, Antje Strubel, Jakob Hein, Falko Hennig oder Jochen Schmidt – in den letzten Jahren sind einige Bücher ostdeutscher Autoren erschienen, die sich auf je eigene Weise mit den biographischen Folgen der Revolution von 1989 auseinander setzten.

Gleichzeitig kam, vor allem im Westen, eine Prosa der Generations(er)findung in Mode, in der die jungen Individualisten der Postmoderne doch noch ihre kollektive Prägung suchten. Das prominenteste Exemplar der Gattung war Florian Illies' Bestseller über die «Generation Golf» – jene Kinder von 1968, die in den vermeintlich coolen Achtzigern aufwuchsen und für Madonna schwärmten statt für Marcuse. Ihr Rudi Dutschke hieß Thomas Gottschalk, und ihr «Teach-in» war die «Saalwette» bei «Wetten, dass ...?».

Dieser Tage ist der autobiographische Bericht von Susanne Leinemann erschienen, Jahrgang 1968, Tochter des *Spiegel*-Autors Jürgen Leinemann, in dem sich noch einmal die «89er» zu Wort melden. Titel: «Aufgewacht. Mauer weg». Auch sie schildert die aufregendste Ära der jüngsten europäischen Zeitgeschichte vorwiegend aus persönlicher, ja privater Perspektive (mit einer schönen Ost-West-Liebesgeschichte), aber sie versucht zugleich, das historische Ereignis zu politisieren, neudeutsch zu «branden»: «1989 könnte unser Label sein, unsere Marke, die uns als Generation unverwechselbar macht.»

Doch sosehr sie das «politische Selbstbewusstsein» ihrer Generation zu evozieren sucht – ihre eigene Prosa ist das beste Dementi der guten Absicht: Die subjektiv gefärbten, persönlichen Passagen sind die eindringlichsten, und gerade sie belegen nicht nur das Privileg der Literatur, sondern auch jenen epochalen Verlust an geschichtsphilosophischer Begeisterung und ideologischem Überschwang, der ja keineswegs nur zu bedauern ist.

Bei Jana Hensel schneiden sich die Linien: Sie gehört zur Generation der Mittzwanziger, die noch zum «Fahnenappell» von Egon Krenz' stolzer FDJ antreten musste, aber eben schon nicht mehr weiß, wann aus «Raider» «Twix» wurde; den erbarmungslosen Markenkampf der etwas älteren «Generation Golf» um «Geha» oder «Pelikan» hat sie doppelt verpasst: Sie war zu jung und zu östlich.

Doch es gibt eine verblüffende Parallele zur durch und durch westlich geprägten «Generation Golf»: den starken Hang zu den Dingen, zur Warenästhetik und den feinen Unterschieden, zur Phänomenologie der Marken überhaupt.

Hier wie dort gibt man sich ganz und gar unplatonisch: Nur die Dinge und ihre Bezeichnungen sind wirklich. Bei aller Intellektualität: Den Ideen traut man nicht. Ein später Reflex auf ein ideologisches Jahrhundert?

Die Auflösung der DDR beschreibt Jana Hensel, die Romanistik und Neuere deutsche Literatur studiert, am Beispiel der Milchtüte. Eben noch musste sie immer einen Monat im Voraus bezahlt werden. Dafür sorgte schon der Milchgeldkassierer. Von einem Tag auf den anderen war Schluss damit: In der Marktwirtschaft durfte man selbst zum Hausmeister gehen und das Getränk bar bezahlen.

Plötzlich gab es auch keine «Patenbrigade» mehr, die «Pop-Gymnastik» hieß «Aerobic», und «Fidschis» musste man jetzt «Asylbewerber» nennen, obwohl sie schon seit Menschengedenken in diesen Baracken gehaust hatten.

Auch der organisierte Rhythmus des Tages löste sich auf: «Über Nacht waren all unsere Termine verschwunden, obwohl doch unsere Kindheit fast nur aus Terminen bestanden hatte» – vom Fahnenappell über die Reihenuntersuchung bis zum Pionierlager. Die vertrauten Insignien der Kindheit wechselten, wie von unsichtbarer Hand bewegt, den ideologischen Kontinent – von der Ost-«Trommel» zur West-«Bravo», von «Rolli, Flitzi und Schnapp» zu Asterix und Obelix. «Nichts wird sein, wie es war» – jene damals notorische Prophezeiung, die auf die große Weltgeschichte gemünzt war, galt jedenfalls für den kleinen Mann und die kleine Frau auf der Straße: Die «Specki-Tonne» wurde zum «Grünen Punkt», der «Verpflegungsbeutel» zum «Lunchpaket»: «Die Dinge hießen einfach nicht mehr danach, was sie waren.» Ein später Nominalismusstreit, den der Westen ebenso geräusch- wie kampflos für sich entschied.

So schwankte der Resonanzboden der eingeborenen Ost-Existenz ganz gewaltig, die soziale Selbstverständigung begann abzubrechen, während Alltag und Sprache umgestülpt, umbenannt, umgedeutet wurden.

Jana Hensel schildert das alles ohne Larmoyanz, mit ein wenig Nostalgie, vor allem aber mit nüchterner Sensibilität: «Die Wende traf uns wie ins Mark. Wir waren gerade 12, 13, 14 oder 15 Jahre alt. Wir waren zu jung, um zu verstehen, was vor sich ging, und zu alt, um wegzusehen. Eine ganze Generation entstand im Verschwinden.» Kinder der «Zone» eben – die sanft trotzige Aneignung eines historischen Begriffs, den es eigentlich längst nicht mehr gibt.

Doch nicht nur die Dinge und ihre Namen, auch die Orte verwandelten sich in abenteuerlicher Geschwindigkeit. Wer heute den Leipziger Hauptbahnhof mit seinen voll sanierten Prunkpassagen betritt, wähnt sich eher in Paris oder Mailand als in der einstigen Stasi-Hochburg der DDR, in der den Kindern strikt verboten war, weggeworfenes Westschokoladenpapier vom Boden aufzuheben.

«Übermalte Orte» entdeckt Jana Hensel überall in ihrer Geburtsstadt, und dazu lauscht sie jenen scheinbar «authentischen Geschichten» aus Presse, Funk und Fernsehen, die so plastisch klingen, dass sie sie sogar selbst weitererzählt, obwohl hinter ihnen «ein ganzes Land verschwand».

Noch die eigene, prekäre Biographie schrumpft da zur passenden Anekdotensammlung. Wenn das Zonenkind Westdeutsche durch Leipzig führt, empfindet es sich als «Tourist im eigenen Leben». Die Wessis aber lieben den wohligen Grusel alter DDR-Topographie ebenso wie das stolz befriedigte Schwadronieren über Vorher und Nachher, über die Ruinen des Sozialismus und die allerneuesten Erfolge beim Aufbau Ost. In solchen Augenblicken bemüht sich das clevere Zonenkind, den fleißigen Solidaritätsbeitragszahlern aus dem Westen «dankbar neudeutsch» in die Augen zu blicken.

Wieder allein, sucht es aber weiter nach den unzerstörten «Leinwandbildern unserer Kindheit». Manchmal legt es dabei «Daumen und Zeigefinger vor dem Gesicht zu einem Kameraausschnitt zusammen», um in die Vergangenheit zu zoomen. Doch da will sich «kein Kindergefühl» einstellen. In der «Zeitkapsel» der neunziger Jahre gibt es keine Ausstiegsluke, schon gar nicht für die «Kinder der Zone».

Die akuten Anfälle von Heimat- und Geschichtslosigkeit überfallen die Autorin selbst in der Studenten-WG in Marseille, wo sie unter gleichaltrigen Österreichern, Italienern und Franzosen daran scheitert, in kulturkritischer Augenhöhe über einschlägige Kindheitserlebnisse mitzudiskutieren – über Pippi Langstrumpf, Donald Duck und den Herrn der Ringe. Also schweigt sie und fängt an, sich den sächsischen Dialekt abzutrainieren.

Der Zwiespalt ist offenkundig: Einerseits möchte das zwittrige Zonenkind weder im In- noch Ausland als «Ossi» erkannt werden – andererseits spürt es die Sehnsucht nach Identität und Anerkennung. Immer noch spukt da, scheint's, ein Reflex auf das unermüdliche Streben nach «Weltniveau» herum, das die DDR so unverwechselbar gemacht hat – die ewige Angst, als provinziell und uncool zu gelten, hier und jetzt: die «alte Pein», auch Jahre nach der Wende noch nicht gelernt zu haben, sich «richtig anzuziehen».

Ein typisches DDR-, aber auch ein gesamtdeutsches Problem: Wer bin ich, woher komme ich, wie sehe ich überhaupt aus?

Die Polen, im Revolutionmachen deutlich erfahrener, hatten andere Sorgen. Sie pflückten Erdbeeren in Baden-Württemberg, arbeiteten auf hessischen Baustellen und trieben Handel, wobei man sie zuverlässig an dem Umstand erkannte, dass sie «immer zu fünft im Polski Fiat eingezwängt» waren – nicht zuletzt an ihren «selbst genähten Gürteltaschen mit den kopierten Logos von Adidas». Von solch tief verwurzelter, emblematischer Identität können Deutsche nur träumen. Deshalb fragt auch das Zonenkind: War der Osten also nur ein Phantom, eine Fiktion, eine negative Utopie?

Es gibt keinen besseren Ort in Deutschland, diese Frage in kritischer Grundhaltung, aber ganz gepflegt auf sich beruhen zu lassen, als Berlin. Nirgends kann man so schön mit den ungelösten Fragen der deutschen Geschichte versacken wie hier.

So ging Jana Hensel nach Berlin, in die ehemalige Hauptstadt der DDR, die inzwischen Zuwachs aus dem Westen bekommen hatte – für sie eine «vorläufige Fluchtburg», immerhin ein «realer Ort», auch wenn viele der autochthonen Prenzlberg-Ost-Berliner sich nach den vertraut verfallenen Hinterhöfen zurücksehnen, die galerienfette Auguststraße «hassen» und die zentrale Touristensammelstelle Hackescher Markt «verabscheuen».

Dennoch – im zweiten Jahrzehnt nach der Wende kommen die Zonenkinder langsam an. Trocken resümiert Jana Hensel: «Jetzt sind wir über den Berg. Wir sind die ersten Wessis aus Ostdeutschland. Unsere Anpassung verlief erfolgreich.»

Aus den Zwitterwesen sind robuste «Aufstiegskinder» geworden, nun fest der Zukunft zugewandt. Doch von ihrem neuen Leben jenseits von Schkopau erzählen sie ihren Eltern, meist Verlierer der Wende, lieber nicht so viel. Grund zum Streit mit ihnen gibt es sowieso nicht – schon gar nicht zur Rebellion: Die Eltern «liegen ja schon am Boden». Statt Kampf gegen die Autorität ist auch hier eher Aufbau Ost angesagt.

Wenn es einen Generationenkonflikt gibt, dann ist er stumm, ein wenig traurig, fast elegisch. «Wenn wir daran dachten», schreibt Jana Hensel, «überfiel uns eine große, schwere Sehnsucht nach diesem Stillstand im anderen Teil des Landes. Wir sehnten uns nach dieser Zeitlosigkeit und Langeweile.»

Jetzt aber verlieben sie sich endgültig auch in Jungs aus Krefeld und Düsseldorf, werfen ihre letzten Aufkleber «Die DDR ist tot, es lebe die DDR» in den Müll und wählen vielleicht nicht einmal mehr die PDS – womöglich halten einige unter ihnen Gregor Gysi inzwischen auch für den «Wolfgang Lippert der deutschen Politik» (Stephan Lebert), den leer laufenden Talkshow-Clown des Postsozialismus.

Im zeitlosen Singsang der realsozialistischen Propaganda erzogen, haben sie eine ausgeprägte Immunität gegen politische Ideologien und Dogmen jedweder Art entwickelt, und so nähern sie sich am Ende jener «Generation Golf» an, mit der sie zunächst so wenig gemein hatten:

«Unsere Umwelt schützen wir so gut oder schlecht wie jeder andere. Wir trennen den Hausmüll und lassen den Wasserhahn nicht zu lange laufen; Mineralwasser allerdings kaufen wir in Einwegflaschen, Pfandflaschen wiederum werfen wir in Flaschencontainer, und Fernsehberichte von Castor-Demonstranten gehen uns auf die Nerven.»

Sie sind pragmatisch geläuterte Individualisten, flexibel und anpassungsfähig. Sie wollen keine historische Mission erfüllen und auch keinen Menschheitstraum wahr machen: «Wir geloben nichts mehr, packen nirgends mehr an und können uns in aller Ruhe um uns selber kümmern.»

Sie sind Kinder der Freiheit, aber sie misstrauen der Geschichte, die sie ermöglicht hat – erst recht der Politik. In ihrer Selbstbezogenheit spiegelt sich die tiefe Erschöpfung aller vorhergehenden Generationen, die versuchten, die Welt zu verändern. Dennoch betreiben auch sie eine Art Generations(er)findung in unsicheren Zeiten – «Generation-Building», um Orientierung und Zusammenhalt in gemeinsamer Erinnerung zu finden.

Jana Hensel hat den Kindern der Zone, der ersten gesamtdeutschen Generation, schon jetzt ein kleines Denkmal gesetzt – mit sprachlicher Lakonie, Leichtigkeit und einer Transparenz, die leuchtet.

Woher sie kommen, wohin sie gehen? Erst einmal wollen sie leben. «Es ist Frühling geworden. Der Abend ist lau, selbst hier in der Stadt riecht man die Baumblüten. Unter freiem Himmel ein Fußballspiel oder ein Feuerwerk anzugucken, das wäre jetzt das Richtige.»

Verklärung und Anpassung
Der Ärger über die Zonenkinder

Schon in den ersten Monaten der Rezeption setzte neben den freundlichen und überwiegend deskriptiven Rezensionen und Autorenporträts ein Schub scharfer Kritik ein. Gerade in Jana Hensels Heimatstadt Leipzig scheint der Unmut über das Buch stark zu sein. Dass die Sensibilität für das Thema und für Hensels Positionen im Osten wesentlich größer als im Westen ist, verwundert nicht. Von Anfang an wurden Einwände gegen das Buch deutlich formuliert, aber besonders mit dem Erfolg erhöhten sich auch Ausmaß und Schärfe der Polemiken. Die Kritik an dem Buch nahm die verschiedensten Formen an. Sie reichte von bemüht pfiffigen Wortspielen wie dem Titel einer Veranstaltung während der Leipziger Buchmesse 2003 «Hana Jensel - Zonenrinder» bis hin zu klugen und präzisen Analysen der Auslassungen und Schwächen des Textes. Unzulässige Pauschalisierungen, naive Verharmlosung der DDR, Plädoyer für unkritische Anpassung an den Westen - das waren die zentralen Vorwürfe.

Die Rezensionen von Jens Bisky und Ingo Arend bemängelten das Fehlen einer soziologischen (Bisky) bzw. historischen (Arend) Perspektive und stellten - gewollt oder nicht - gerade in ihrer Kritik aufschlussreiche Ergänzungen zu «Zonenkinder» dar. Sie treten in den Dialog mit Hensels Buch, stellen den Text in Frage und brechen ihn auf. Aus dem Thema «Zonenkinder» wird die Kontroverse «Zonenkinder».

ZO NEN

hana jensel

der original

RIN DER

kobold

Diese Postkarte wurde im Frühjahr 2003 auf der Leipziger Buchmesse verteilt.

Jens Bisky

Traumbilder vom Osten
in den Farben des Westens

Nun, da das komfortable Elend des Ostens stationär geworden ist, scheint den Ostdeutschen ein kultureller Sieg in den Schoß zu fallen, mit dem sie selbst am wenigsten gerechnet haben dürften. Nach den Turbulenzen und Verheißungen der neunziger Jahre ist ein vertrauter Zustand wieder hergestellt. Neben den offiziellen Werten und Anforderungen, gegen das Selbstbild der Bundesrepublik, behauptet sich eine informelle, gleichwohl verbindende und verbindliche Ordnung. Wie in den vierzig unwiederbringlich verlorenen Jahren der DDR dominiert heute im Osten die Kultur der kleinen Leute. Damals regelte sie den Umgang mit Mauer, Mangel und Kontrolle, heute das Verhalten gegenüber Arbeitslosigkeit, Abwanderung und Gewalt. Die Skepsis, die zuvor Agitation und Propaganda entgegengebracht wurde, richtet sich nun gegen die Geständnismaschinerie, die seit 1990 bemüht ist, das Befinden der Ostdeutschen zu erkunden, zu erklären, zu bessern. Mehr als 6000 Bücher hat sie uns inzwischen beschert. Und obwohl nahezu jeder Ostdeutsche zur Auskunft gedrängt wurde, hält sich bis heute hartnäckig die Fiktion, der Osten besäße keine Stimme im lauten Durcheinander der westdeutschen Öffentlichkeit.

Die Kleine-Leute-Gesellschaft scheint theorie- und deutungsresistent. Sie ist eine stille Gesellschaft, die sich vor Erkanntwerden schützt, indem sie bereitwillig sagt, was man von ihr zu hören erwartet. Wer mit scharfen Thesen auf diese Festung losging, ihr die Kinderkrippen, die Jugendweihe oder das Ignorieren rechter Schlägerbanden vorrechnete, wurde in der Vergangenheit zuverlässig zurückgeschlagen. Die wichtigste Verteidigungsstrategie der altertümlich wirkenden und nach den teuren Restaurierungen in neuem Glanze erstrahlenden Zitadelle ist ihre Offenheit. Alle, die sich umsehen wollten, wurden hineingelassen, durften Gemächer, Kammern und Keller besichtigen, man sprach mit dem Gast. Sobald er jedoch begann zu erklären, wie die Menschen in der Zitadelle leben, was sich hier ändern müsse, schüttelten diese den Kopf. «So ist es nicht, das stimmt keinesfalls.» Es sieht so aus, als gebe es hier unerschöpfliche Reserven an Dunkelheit, an Unverstandenem.

Wer mit professionellen Belagerern spricht, mit Zeithistorikern, empirischen Sozialwissenschaftlern und Transformationsforschern, wird zu vorgerückter Stunde die Auskunft erhalten, dem ungeheuren Aufwand stünden nur magere Erträge gegenüber, die zudem höchstens in Fachkreisen zur Kenntnis genommen würden. Gegen die Frustration, die akademische Forschung und politische Kommentatoren erleben mussten bei dem Versuch, den Osten zu beschreiben, hat man mit der Trotzbehauptung reagiert, da gebe es doch nichts Besonderes mehr. Den Bewohnern der Zitadelle ist es recht. Sie werden aber immer dann auf ihrem Unverstandensein beharren, wenn es gilt, Unterstützung einzufordern.

Nun sind zwei Bücher erschienen, geschrieben von ehemaligen Bewohnern der Festung, die auf neue Weise Auskunft geben, zwei Sachbücher, die sich vielfältiger literarischer Techniken bedienen: des Aperçus und des Witzes, der Anekdote und der Erzählung. Sie setzen das Scheitern der sozialwissenschaftlichen und zeithistorischen Erklärungsversuche ebenso voraus wie die Restauration der stillen Gesellschaft Ost. Jana Hensels Erinnerungsbuch «Zonenkinder» gehört zu den Erfolgstiteln des Herbstes. Wolfgang Englers politischer Essay «Die Ostdeutschen als Avantgarde», ein linkes Pendant zu Miegls «Die deformierte Gesellschaft», erklärt die alte Zitadelle zum Basislager für die Zukunft.

In unerwarteter Gemeinschaft greifen die beiden unvergleichbaren Autoren nach dem wirklichen Leben, erproben die neugierig-vorsichtige Detailschilderung. Jana Hensel verzichtet auf Reflexion. Sie scheut die dazu nötige Distanz, schreibt sie doch für alle, die sich wiedererkennen, identifizieren wollen. Begeisterte Leser haben Jana Hensels Sachbuch unbekümmert einen Roman genannt. Wolfgang Engler, der zu den theoretisch versiertesten Soziologen aus der DDR gehört, will dem Leben nachlauschen, das ein Fortsetzungsroman sei: «Mir schien, ich müsste die Menschen sehen, von denen ich handelte, und um mir Gewissheit über die Ernsthaftigkeit ihrer Ansichten und Überzeugungen zu verschaffen, fand ich keinen besseren Bürgen als ihre Körper und Körperhaltungen, ihre Blicke und ihr Mienenspiel.»

Diese Bücher erscheinen, nachdem man uns mehrfach versichert hat, das Sonderproblem Ost habe sich erledigt, seit dem 11. September könne man sich mit solchen Kleinigkeiten nicht mehr befassen, die Flut habe Luxusprobleme wie die «ostdeutsche Identität» hinweggespült, die desaströse Niederlage der PDS bei den letzten Bundestagswahlen verspreche nun auch politisch Beruhigung.

Gewiss, man spürt bei Engler und Hensel den Versuch, im Bild, in der Bildbeschreibung festzuhalten, was in der Wirklichkeit unaufhaltsam zu entschwinden scheint. Es sind Bücher der Bilanz, wie Alexander Thumfarts so informationsreicher wie unlesbarer Überblick über die Ergebnisse der Transformationsforschung «Die politische Integration Ostdeutschlands» oder Klaus Schroeders Buch «Der Preis der Einheit».

«Zonenkinder» und «Die Ostdeutschen als Avantgarde» gehören jedoch nicht in das Regal mit wissenschaftlichen Monographien. Man würde sie wohl neben die Geschichten Jakob Heins oder neben die Konfektionsromane von André Kubiczek und Falko Hennig stellen. «Pop-Literatur Ost» soufliert ein träger

Reflex sofort. Mit der «Generation Golf» sind die «Zonenkinder» – gewiss zur Freude des Verlages – bereits verglichen worden. Doch der Vergleich täuscht. Den ethnologischen Blick auf die eigene Gesellschaft müssen die Autoren aus dem Osten nicht erst durch Ironie erringen, und die Leidenschaft, mit der sie gegen das Entschwinden des Gegenstandes anschreiben, den sie sich eben nicht vom Halse schaffen wollen, muss ihren westdeutschen Altersgenossen merkwürdig altfränkisch vorkommen.

Wer über die Kleine-Leute-Gesellschaft schreibt, wird schnell zum Fremden in ihr. Die Kluft zwischen gewollter Nähe und gegebener Ferne lässt sich nur durch konstruktive Anstrengung überbrücken. Eine Gestalt des Lebens ist fremd geworden, der selbstverständliche Umgang mit ihr unmöglich. Wer sich dennoch um Authentizität bemüht, konstruiert ein Bild, in dem die eigene Frage aufscheint. In dem Bestreben, ostdeutsche Erfahrungen der vergangenen zehn, zwölf Jahre adäquat zu beschreiben, entwerfen Engler und Hensel zwei grundsätzlich verschiedene Bilder: ein stimmungsgesättigt nostalgisches und ein zornig kapitalismuskritisches. Diese Bilder vom Osten enthalten aber keine spezifisch ostdeutsche Frage mehr, sondern eine deutsche. Es sind Bilder vom Osten in den Farben der Bundesrepublik.

Dem Zeithistoriker bleibt das heutige Ostdeutschland der Sonderfall einer Gesellschaft im Übergang zur Normalität. Den Erzählern und Bildbeschreibern wird er zum Zerrspiegel, in dem auch Münchner oder Kölner Momente der bundesrepublikanischen Zukunft erkennen können, wenn sie bereit sind, die Sondergesellschaft näher zu betrachten, deren Fortexistenz sie mit Milliarden jährlich finanzieren. Dass die Zitadelle Ost an Besonderheit verliere, ist wahrscheinlich eine Wahrnehmungstäuschung. Sie verliert an Aufmerksamkeit, weil keiner weiß, wie in ihr Normalität herzustellen wäre, ein Zustand, der sich von der konfliktscheuen Stille, der Mischung aus Resignation und bescheidenem Wohlbefinden unterschiede.

Der Ton wird schnell erregt, wenn von den Veränderungen nach der Wende die Rede ist. Jede Familie war von Arbeitslosigkeit betroffen, die soziale Mobilisierung die größte nach dem Ende des Zweiten Weltkriegs. Wie wurde das erlebt? Was denken jene, die pubertierten und in eine Gesellschaft hineinwachsen mussten, die ihre Eltern zwar gewünscht hatten, aber deren Spielregeln sie nicht kannten? Es ging, wenn man Jana Hensel glauben will, durchaus undramatisch zu.

Es war aufregend, aber nicht schwer. Eines Tages muss sie den Schuhkarton entdeckt haben, den jeder besitzt, um privaten Erinnerungsschutt aufzubewahren. Fahrscheine, Werbezettel und Fotos sind darin, das Programm der Jugendweihfeier, ein Ferienlagerausweis. Das, sagt sie, sei ihre Kindheit gewesen, im Jahr, in dem sie dreizehn wurde, fiel die Mauer. «Wir», sagt Jana Hensel immer, wir mussten erwachsen werden in einer Welt, die sich täglich änderte.

Einiges hat sie glänzend beobachtet: das Verschwinden des säuerlichen Geruchs der Schulmilch; die Pein, die man westdeutschen Freunden bereitet, wenn man sie nach den Berufen ihrer Eltern und ihren Vermögensverhältnissen fragt, die Fahnenappelle, das Befremden angesichts des umgebauten Hauptbahnhofs in Leipzig, die Bewunderung der Sportler, der einzigen Helden dieser Generation. Und doch vermisst der Leser, was Hensel verspricht: das Besondere, die Individualität des Erwachsenwerdens. Sie entwirft ein kunstgewerblich angehübschtes Allgemeines, typische Charaktere unter untypischen Umständen.

Nach bewährtem Rezept spricht Hensel im Namen einer Gruppe. Ein albernes Glossar soll bestätigen, dass sie über das schwer zugängliche Wissen einer Eingeborenen verfügt. An der Wirklichkeit der späten DDR geht sie dennoch vorbei, sie opfert sie der für den Leser zumutungsreichen Wir-Fiktion. Die Wende hat die Vielfalt des Lebens im Osten enthüllt, die «Zonenkinder» werden als einfältige Gruppe gezeichnet.

Hier wird ein Kindheitsmuster nach sozialistischem Lehrplan entworfen. Wer so beginnt, muss den Übergang in die Freiheit schildern, als hätte ihn ein Designer geplant. Ungenügende Markenkenntnis, Unsicherheiten im Umgang mit höher Gestellten, gesellschaftliche Naivität, Mitleid beim Anblick der geschmacksunsicheren Eltern – all das wird nach Reisen ins Ausland und ein paar Affären schnell überwunden. Jetzt ist man wer, eine Westdeutsche aus Ostdeutschland. Das Kennzeichen der «Zonenkinder» sei Erfolg in der Anpassung gewesen.

Die sächsische Längsschnittstudie, die Peter Förster 1987 mit damals 16-Jährigen begonnen und bis heute weitergeführt hat, ergibt ein anderes Bild («Junge Ostdeutsche auf der Suche nach der Freiheit». Leske + Budrich, Opladen 2002). Hier kann im Jahresrhythmus die Kurve der Verunsicherungen durch den Zusammenbruch der Lebenswelt beobachtet werden, auf den vor allem mit Hoffnungen reagiert wurde. Zur Zukunftsblindheit gehört die Angst. Wird die Spannung zu groß, folgt Resignation. Das Interesse, in der Bundesrepublik eine Rolle spielen zu wollen, schwindet: 1992 wollten 32 Prozent zu den oberen Schichten des Landes gehören, im Jahr 2000 waren es nur noch 15 Prozent.

Zum Bild von der Kleine-Leute-Gesellschaft passt der Befund, nicht aber zum selbstgefälligen Ton Jana Hensels. Das greisenhaft kindlich geschriebene Buch interessiert als Symptom. Hensel verspricht, die Zitadelle zu durchleuchten, und zeigt doch nur deren Schauräume, die Vitrinen für Kurzbesucher. «Ich wollte meine Geschichten genauso einfach erzählen wie die Italiener, Franzosen oder Österreicher, ohne Erklärungen zu suchen und meine Erinnerungen in Worte übersetzen zu müssen, in denen ich sie nicht erlebt hatte und die sie mit jedem Versuch ein Stück mehr zerschlugen.» So sehnt man sich nach der Dunkelheit. Der Verdacht liegt nahe, dass die Verrätselung der eigenen Herkunft die Enttäuschung darüber kompensieren soll, dass es so bedeutungslos ereignisreich zuging. Der Hauch der Geschichte hat nicht mehr verweht als ein paar Seiten aus dem Staatsbürgerkundebuch.

Hensels Normbiographie unterscheidet sich in einem Punkt deutlich von der sozialistischer Helden. In der materialreichen, methodisch aufwendigen und an Erkenntnis armen «Kulturgeschichte von Propagandafiguren» kann man das Muster studieren, nach dem Sigmund Jähn, Adolf Hennecke und Täve Schur, Leute wie wir, zu Helden wurden. Gewöhnliche Menschen, begabt und leistungswillig, reifen unter Führung der Partei heran, bis eine Herausforderung eintritt, die sie bravourös meistern. Sie handeln allein und bringen allen großen Nutzen. Nach der Tat führen sie ein moralisch sauberes, vorbildliches Leben. So auch Jana Hensel, in deren Biographie die entscheidende Tat allerdings fehlt. In ihrem Bildungsroman «Zonenkinder» wird keiner zum Subjekt seines Lebens, man bleibt passiv, reagiert auf die wechselnden Anforderungen. Das sagt unbeabsichtigt die Wahrheit über das Ergebnis der Umwälzungen. Die Duldsamkeit der DDR-Gesellschaft wurde in der Transfergesellschaft der neuen Länder konserviert. Zum gewollten Schummerlicht kommt bei Hensel die bengalische Beleuchtung. Kein junger Westdeutscher könnte eine so spitzweghafte Lebensgeschichte erzählen, zur Identifikation mit dem Belanglosen einladen. Ihm fehlt ein Ereignis wie die Wende und mithin der Hallraum, in dem die kleinen Geschichten ihr Schales verlieren. Er verfügt auch nicht über die Poesie, die dem Untergegangenen und Unterlegenen anhaftet. Dass sie dank der Umstände noch dem Unbedeutendsten den Glanz historischer Wichtigkeit zu verleihen vermögen, macht es Ostdeutschen leichter, ihr Leben als sinnvolle Folge von Ereignissen zu erzählen. Wie Katastrophen kamen die Herausforderungen auf sie zu, und sie haben tapfer pariert.

«Soziales Scheitern», schreibt Wolfgang Engler über die DDR, «war entweder kein Thema oder bewusst einkalkuliert oder von oben erzwungen; im ersten Fall gab es keine Schuldigen, im zweiten Schuldige ohne Schuldgefühl, im dritten trug der Staat die Schuld; kein Anlass zu Verzagtheit und Zerknirschung, zu Selbstzweifel und Gewissensnöten.» Wie passt das zum Klischee von den Jammerossis? Im Osten, so Engler, wird Scheitern nicht psychologisiert, sondern in soziale Begriffe gefasst. Der scharfe Blick für die Paradoxien einer Gesellschaft, die im Gegensatz zur politischen Ordnung nach eigenen Regeln existierte, zugleich aber die Versprechen von Gleichheit, Frieden und Sicherheit ernst nahm, hat Engler zum anregendsten Geschichtsschreiber der ostdeutschen Gesellschaft gemacht. Er erzählt, um zu begreifen.

Wenn die Arbeitsgesellschaft eine Gestalt der Vergangenheit ist, dann sind die Ostdeutschen gut darauf vorbereitet. Ihre Kollektive waren Vorformen der Teams, das Bastlerhafte des Arbeitens in sozialistischen Betrieben bereitete gut auf postfordistische Produktion vor. Individuell durchaus vorangepasst an die neue Gesellschaft, erlitten sie in ihrer Gesamtheit ohnmächtig dramatische Veränderungen: Mit der Etablierung des Arbeitsmarkts wurde das Geburtsjahr zum Schicksal. Mit der Schließung der Großbetriebe, Wiederholungen der Welt im Kleinen mit Kinderbetreuung, Einkaufsmöglichkeiten, Kulturangeboten, verschwand der Mittelpunkt sozialen Lebens in Ostdeutschland. Nur dank der Hilfe des Westens brach die Gesellschaft nicht auseinander. Darin sieht Engler das entscheidende Problem: Der Wohlstand – für alle im Osten größer als zu DDR-Zeiten – ist ein «passiver». Den Ostdeutschen geht es in der Transfergesellschaft wohl besser, als sie oft glauben wollen. Zugleich «wurden sie gescheitert» von einem Wirtschaftssystem, das seinen Sieg als Krise erleben muss.

Die Lust an den kleinen Geschichten, an Familienschicksalen, Lebensläufen und Schulaufsätzen verbindet Engler mit einem konstruktiven, geschichtsphilosophisch inspirierten Ehrgeiz. Er zögert nicht, den Ostdeutschen zuzuschreiben, was das Proletariat einst besessen haben soll: eine historische Mission, den geschichtlichen Auftrag, «Gleichheit und Freiheit miteinander zu versöhnen». Der Osten wird für Engler zum Ort, an dem Neues wie ein Bürgergeld und eine andere Kultur der Arbeitslosigkeit erprobt werden und entstehen können, weil es keine andere Lösung zu geben scheint, es sei denn die Auflösung der ostdeutschen Gesellschaft durch Abwanderung.

Engler erkundet eine eigentümlich verfasste Gruppe. Achtzig Prozent von ihnen fühlten sich im Jahr 2001 «Ostdeutschland» besonders verbunden, einem Gebilde also, das es politisch und geographisch nicht gibt. Wie in der DDR fallen politische und kulturelle Hegemonie heute im Osten nicht zusammen. Die einen regieren und zahlen, die anderen bestimmen die soziale Temperatur, Rangordnung und Wichtigkeit der Dinge. [...]

Englers Konstruktion gleicht einem Spiegelkabinett, in dem Thesen mit individuellen Geschichten, Zahlen mit Theorien, Novellen mit historischen Fällen, Beispiele aus Ostdeutschland mit amerikanischen Erfahrungen konfrontiert werden. Wenn Spiegel in Spiegel blickt, entsteht der Eindruck von Unendlichkeit. So vermag es Englers Konstruktion, in der Enge der ostdeutschen Wirklichkeit die Weite des Möglichen aufzuzeigen.

Mit den gewohnten Büchern über den Osten, die ihn verteidigen, angreifen, erklären, erforschen, hat Englers Essay nur wenig gemein. All die Geschicke und Schicksale, die er aus Büchern und Filmen bezieht, sind ihm Material geworden, aus dem er eine mögliche Entwicklung konstruiert, eine plausible Geschichte, die auf begrenztem Raum Wege aus der deformierten Arbeitsgesellschaft erkennbar werden lässt. Dieses Traumbild vom Osten, der die Freiräume des Westens nutzt, um die Gleichheitsvorstellungen des Ostens zu realisieren, hat etwas Bestechendes und Erschreckendes zugleich. Die Ostdeutschen sollen Pioniere eines neuen Gesellschaftsvertrags werden: «Tausche Wachstumsgewinne gegen menschenwürdiges Leben mit wenig oder sogar ohne jede Arbeit.»

Wahrscheinlich liegt diesem Vorschlag ein ins Heroische verzeichnetes Bild von den Ostdeutschen zugrunde. Ist nicht von ihnen am wenigsten eine vernünftige Gleichheit zu erwarten, da sie in ihrer Mehrheit bei dem Wort eher an Umverteilung denken als an eine Gleichheit der Möglichkeiten, das eigene Leben zu gestalten? Gleichheit in diesem zweiten Sinn würde von sozialen Unterschieden profitieren, statt sie bloß zu dulden. Es mag ein Zeichen für ausgeprägten sozialen Sinn sein, das Scheitern auf dem Arbeitsmarkt nicht als eigene Schuld zu verstehen. Aber zu dieser Tugend gehört auch das Warten auf die da oben oder da drüben. Während die ostdeutsche Gesellschaft sich allem Anschein nach gegenwärtig auf eine längere Phase der Duldungsstarre und resignativen Pflichterfüllung einrichtet, erhofft Engler Pioniergeist in ihr. Und sein plastisches Verhältnis zur Wirklichkeit entfaltet große Suggestivkraft.

Der erwünschte «Aufbruch einer zahlenmäßig starken Minorität» ins Reich der Freiheit könnte, so Engler, auf einer aus Not oder Großzügigkeit zugestandenen Spielwiese Ost beginnen. [...]

Wer immer die Gesellschaft Ost verstehen will, muss Engler lesen. Er kennt keine Dunkelheiten in der Zitadelle. Wer sich an die Vorstellung gewöhnt, dass unter dem simpel strukturierten «SED-Regime» eine moderne, an Gemeinsamkeiten und Autonomie orientierte Gesellschaft lebte, der wird auch die kleinen Leute im heutigen Osten verstehen. Nicht die Zitadelle ist opak. Undeutlich ist, was im siegreichen Kapitalismus mit einer Teilgesellschaft geschehen soll, für die es im Verwertungskreislauf keine Verwendung gibt.

Ingo Arend

Der Setzkasten der Erinnerung

Gibt es ein Ende der Geschichte? Schon als Francis Fukuyama um die Epochenwende seine fulminante Großthese aufstellte, hatte sie etwas apart Selektives. In den Verliesen Schwarzafrikas oder auf den Reisfeldern in Fernost hatte man vom glänzenden Epochensieger namens «liberaler Kapitalismus» noch gar nichts gehört. Und wem die Flammen auf dem Balkan und das Fegefeuer der Nationalitätenkonflikte in der alten Sowjetunion nicht eh schon reichten, um das Traktat über das Vakuum der Posthistorie als glänzend geschriebenes Politologen-Märchen abzutun, für den fand es spätestens am 11. September 2001 sein Ende.

Fukuyama vergreift sich gern an Superlativen. In seinem jüngsten Buch prophezeite er gar «Das Ende der Menschheit». Doch nicht nur die Hardware der Historie hat das essayistische Großmaul widerlegt. Sondern auch die Software. Wenn irgendwo der Sauerstoff des Geschichtsbewusstseins wieder strömt, dann in dem Wasteland des Epochenbruchs. Das Lebenselixier breitet sich in tausend Formen aus. Mal wird der Osten zur Projektionsfläche. Bürgerkinder West suchen dort Schuld und Vergessen ihrer Väter. Mal wird er zur Erinnerungslandschaft. Arbeiterkinder Ost suchen das normale Leben hinter den Revolutionsfassaden. Dass eine ungarischstämmige Autorin wie die 1960 in Deutschland geborene Zsuzsa Bank dreizehn Jahre nach 1989 in ihrem Debüt «Der Schwimmer» das Alltagsschicksal zweier Halbwüchsiger im sozialistischen Ungarn der fünfziger Jahre zum Thema macht, zeigt: das Trauma der Geschichte ist längst nicht abgearbeitet.

«Mich ängstigt, den Boden unter meinen Füßen nur wenig zu kennen, selten nach hinten und stets nur nach vorn geschaut zu haben», sagt Jana Hensel zu Beginn ihres jüngst erschienenen

Buches «Zonenkinder» und liefert damit einen weiteren Beleg für dieses neu erwachte Geschichtsinteresse. «Der Osten war geschichtslos geworden», klagt die Leipzigerin über die neunziger Jahre. Vor lauter «authentischen» Mediengeschichten über das Leben in der «Zone» nach der Wende habe sich deren wahre Geschichte eigentlich eher verflüchtigt. Das will sie nicht hinnehmen. Und ihre Erinnerung, ihre Geschichten, ihr Geschichtsinventar dagegensetzen. Doch dabei schlägt sie einen irritierenden Ton an. Die Berliner Literaturstudentin geht auf eine *tour sentimentale* durch das verschwundene Land ihrer Kindheit. Beim Gang durch ihre Heimatstadt sucht sie eine andere Zeit, die den «Geruch eines Märchens» hat. Mit verlorener Stimme beschwört sie eine Zeit, «die sehr lange vergangen ist, in der die Uhren anders gingen ... und die Schleifen im Haar anders gebunden wurden». Dagegen ist Eichendorff ein Realist.

Nanu, denkt man also zunehmend beunruhigt: 1976 geboren, Redakteurin der unorthodoxen Literaturzeitschrift EDIT. Warum wird so jemand plötzlich nostalgisch? Andere ihrer Generation könnte man doch auch zu den «Zonenkindern» rechnen. Also zu jenen Jugendlichen, die ihr halbes Leben im und das halbe Leben nach dem Sozialismus verbracht haben. Sie sind nicht unbedingt Freunde des Kapitalismus West geworden. Doch von der Sehnsucht nach dem versunkenen Märchenland Ost haben sie sich auch nicht hinreißen lassen. Ingo Schulze, 1962 in Dresden geboren, verschwendet wenig Zeit auf die Vergangenheit. 1998 registrierte er in seinem Buch «Simple Storys» kaltblütig wie ein amerikanischer Short-Story-Writer das Alltagsleben im Osten nach 1989 im Mikrokosmos des thüringischen Altenburg. Und ein Autor wie der 1970 geborene Berliner Jochen Schmidt lacht nur über die verkorkste DDR-Boheme. Mit viel Ironie, manchmal mit zu viel Kalauern will er einfach im Leben heute ankommen. Womöglich haben sich Schulze und Schmidt manchmal ähnlich wie Hensel gefühlt, als über Nacht die Dinge in der DDR ihren Namen verloren und sie gezwungen waren, «permanent alte gegen neue Bilder auszutauschen». Doch das Etikett «Generation Zone» haben sie sich bis jetzt nicht aufgeklebt.

Diese «Zone» hat nicht erst seit dem 9. November 1989 manchen vorschnellen Verdammungsruf über sich ergehen lassen müssen. Gewiss wäre es Zeit für ein paar subtilere Darstellungen. «Ich habe das Gefühl, die heute 20-Jährigen wollen plötzlich wissen: Wie war das damals in der DDR, was war da los?» Auch Wolfgang Hilbig glaubt eine Neugier entdeckt zu haben, die Substanzielleres als die einseitigen Moralabrechnungen hören will. Doch für ein politisch-historisches Sachbuch, das diese Aufklärung leisten könnte, erlaubt sich Jana Hensel einen erstaunlichen Verzicht auf Analyse. Schon mit dem Titel «Zonenkinder» steckt sie sich die im Westen gern benutzte Abwertungsvokabel demonstrativ als Müllbrosche ans Revers. Bei ihr sieht es auch ganz so aus, wie man das eklige Schmuddelland geschildert bekam. Zwischen den obligaten, braunen Velourstapeten der VEB Stadtreinigung bereitete sie sich auf die Jugendweihe vor. Doch warum dieser Staat, der nachträglich zu einer Heimat mit «schönem, warmem Wir-Gefühl» romantisiert wird, gescheitert sein könnte, darauf verschwendet sie keinen Gedanken. Dissidenten, Grenze, Knäste und Wehrkunde kommen nicht vor. Unkommentiert findet sich ein Faksimile ihrer Eintragung zum Tag der Volksarmee am 1. März im Schulheft. Dass Volker Braun kurz nach der Wende noch schreiben musste: «Von unserer Insel Utopia/Vertrieben, aus Mangel an Fantasie, genussunfähig» und sich vor der aufmarschierenden Coca-Cola-Reklame grauste, dafür hatte man Verständnis – dass eine fast 40 Jahre jüngere Autorin uns nun noch einmal die geschmacklose rote Limo «Leninschweiß» ausschenkt, weiße Pionierblusen und den Volkshelden «Teddy» Thälmann als magische Markenprodukte umlegen will, schon weniger. Alles ist übrigens gar nicht verschwunden. War Jana Hensel noch nicht bei «Plus», wo der Geruch der guten alten DDR-Knusperflocken lockt?

Überhaupt legt Hensel Wert vor allem aufs Dekor. Eingeschlagen ist ihr Band in dem faserreichen Holzpapier, auf dem auch die Besetzungszettel in Frank Castorfs Berliner Volksbühne gedruckt sind. Die Kargheitsästhetik vergangener Tage wird aufgerufen. Bei uns war früher alles einfacher und nicht so verschwenderisch wie heute! Fotos von Fünf-Mark-Turnschuhen und ihrem Ferienlagerausweis ikonisieren die bescheidenere Dingwelt des untergegangenen Systems. Jana Hensel hat ein Poesiealbum kreiert. Dem Land ihrer Jugend widmet sie darin Sätze wie ihrer liebsten Freundin. Und begnügt sich mit einer nahezu reflexionsfreien Phänomenologie. Liebevoll erinnert sie sich an die Zeiten als die Tintenpatronen noch «Heiko» und nicht «Pelikan» hießen. So entgleist ein interessanter Versuch historischer Selbstbehauptung. Mit dem Goethe-Motto «Man sehe nicht hinter die Phänomene, sie selbst sind die Lehre» kann man auch ziemlich ins Leere laufen. Trotzdem ist Hensels Buch ein aufschlussreiches Indiz für ein gespaltenes Bewusstsein. Ihresgleichen nennt sie «zwittrige Ostwestkinder». Obwohl sie sich zeit ihres kurzen DDR-Lebens an Westprodukten orientierten, haben sie nach der Wende plötzlich Distinktionsprobleme. Ihre Freundinnen aus München oder Stuttgart können Markenartikel und Second-Hand-Klamotten viel leichthändiger kombinieren. Doch sie werden wohl zeit ihres Lebens die unbeholfenen Geschmacksstoffel aus der Zone bleiben. Im neuen Deutschland werden sie sicher nie ankommen. Doch ganz so neu ist diese schwindelerregende Übergangs-Psyche nun nicht. Schon Ende der achtziger Jahre, so erinnerte sich jüngst der 1941 bei Leipzig geborene Landsmann und Büchner-Preisträger, Wolfgang Hilbig, hatte er ähnliche Gefühle: «Ja, ich war so dazwischen, zwischen den beiden Ländern. Ich merkte, die DDR gehört nicht mehr zu mir, der Westen aber auch nicht.»

Wer sich von Nelson Mandelas Gesundheit bis zu den Senioren der Volkssolidarität für alles verantwortlich fühlen musste, was ihn eigentlich nichts anging, dem wird man nicht verdenken, dass ihm Politik und Engagement verdächtig geworden sind. Trotz des Übergangs ins postpolitische Ungefähr sieht sich Hensel aber durchaus als kritische Beobachterin der neuen Verhältnisse. Sie bekennt zwar, sich ans System angepasst zu haben. Aber irgendwie steht sie als Ost-West-Zwitter doch außen vor. Und von dem coolen Desinteresse, mit dem einer wie Florian Illies so penetrant an der «Zone» vorbeiguckt, will sie sich schon unterscheiden. Doch gerade in dem Moment, wo die «Generation Golf» mit ihrer historischen Naivität und dem eleganten Plädoyer für die Oberfläche der Geschichte ernsthaft ins Trudeln kommt, will Hensel sie nun imitieren. Von der Archivierung der Dingwelt bis zum Tonfall der Kindererzählung ist bei ihr alles vorhanden, was die scheinnaiven Popkameraden West auch so lieben. Nur an Larmoyanz übertrifft sie sie um Längen.

Hensel schielt zu sehr nach dem Kultbuch. Sie hängt sich an die Inflation der selbst konstruierten «Generationen» nach 1989. Melancholisch fordert sie das Recht auf eine eigene Geschichte ein. Dass der Setzkasten der Erinnerung nicht einseitig bestückt wird, ist eine berechtigte Forderung. Doch wird die Umwertung und Ausblendung der Nachwendezeit rückgängig gemacht, wenn man die sorgsam gereinigten Exponate Pop-Gymnastik, Pioniernachmittag und FRÖSI (Fröhlich sein und singen) so beziehungslos hineinstellt? Hensel kommt aus einem Zwiespalt nicht heraus. Einerseits nennt sie die DDR «fast liebevoll» die Zone: «langsam fühlen wir uns darin wie zu Hause». Andererseits sieht sie sie immer mehr wie «im Rückspiegel». Sie führt das Leben der «Abschiede» und «Brüche» ins Feld, eine biographische Prägung, die Wolfgang Engler oder Friedrich Dieckmann mit dem Begriff der «Avantgarde des Scheiterns» schon einmal besser getroffen haben. Doch was daraus für das neue

Deutschland folgt, das ja nun unweigerlich da ist, das wäre die eigentlich spannende Frage.

Stattdessen verfällt sie dem Nippes. Wie Hensel die DDR nachträglich als Warenparadies aufruft und *Trommel* mit *Bravo*, «Schulschnitte» mit «Milchschnitte» gleichstellt, unterwirft sie das andere, das sie vor dem Vergessen und der Vereinnahmung retten wollte, ex post der Logik der Ware West. Das ist die Ironie ihrer verständlichen Klage über das unerklärliche Ende einer rührenden Geschichte.

Generation ...

Vom Buch zum Phänomen

Bezeichnend für die Wahrnehmung von «Zonenkinder» sind zahlreiche Vergleiche und Gegenüberstellungen mit anderen Publikationen. Bereits in Jens Biskys Doppelrezension «Traumbilder vom Osten in den Farben des Westens» wird der am häufigsten verglichene Titel, Wolfgang Englers «Die Ostdeutschen als Avantgarde» – ein Sachbuch –, erwähnt. Obwohl auch «Zonenkinder» als Sachbuch in den Buchläden auslag, tat die Kritik sich eher schwer, es als solches zu rezipieren. Da lag es schon näher, den Text als «pop-ästhetische Osterweiterung» in die Literaturgeschichte der späten neunziger Jahre einzufügen. «Zonenkinder» wurde ins Zentrum einer jungen ostdeutschen Literatur gestellt, zu deren Vertretern etwa Jochen Schmidt, Christoph Hein und Jana Simon gehören. Von den entschiedenen Kritikern wurde Hensels Buch dagegen als symptomatische Erscheinung eines wie auch immer gearteten, falschen historischen oder gesellschaftlichen Verständnisses gesehen. Vor dem Hintergrund der Romane und Erzählungen von Hensels Generationsgenossen stellte sich «Zonenkinder» schließlich nicht mehr nur als Buch, sondern vielmehr als Bezeichnung für ein ästhetisches Programm, einer Generation und eines neuen ostdeutschen Selbstbewusstseins dar.

Die Texte von Michael Pilz und Manuela Thieme zeigen diese schrittweise Entfernung vom Text «Zonenkinder» hin zum ostdeutschen Massenphänomen «Zonenkinder».

Vier «Zonenkinder»: André Kubiczek, Julia Schoch, Jana Hensel und Jakob Hein im Gespräch.

Michael Pilz
Generation Zone

Im Osten an der Ostsee gewesen. Gestaunt. Über die vielen grau melierten Urlauber, wie sie aus Sylter oder Kieler Limousinen stiegen, schwer gerührt den Blick über die brachen Felder schweifen ließen und im «Kiek mal inn» den Barsch im Bierteig aufgeräumt verzehrten: Heimat.

Mag der junge Eingeborene die Okkupanten auch verachten. Er versteht sie doch zutiefst. Nicht ungern trüge er die Wattejacke von der NVA nicht nur beim Autoschrauben. Seine Heimat ist auf andere Art verschwunden. Also zeigt er sie so schwärmerisch wie nie. Ein «Zonenkind».

Auch Jana Hensel ist sich der Vergeblichkeit bewusst. Ihr Bändchen «Zonenkinder», in HO-Papier geschlagen, stellt nur traurig fest: Die DDR «war von einer Idee zu einem Raum geworden, einem kontaminierten Raum. Wir aber sind hier erwachsen geworden. Wir nennen diesen Raum, fast liebevoll, die Zone.» 13 Jahre alt war Jana Hensel, als die Mauer fiel. Da lebte sie in Leipzig. Wieder 13 Jahre später packt sie im verwestlichten Berliner Osten dieser plötzliche Verlust der Kindheit damals. «Das einzige Kontinuum unseres Lebens aber mussten wir uns selbst schaffen: Das ist unsere Generation.» Generation als Heimat, als Ansammlung verbindender Details und Wörter.

Milchdienst, AG Pop-Gymnastik, Pioniernachmittag, FRÖSI, Spartakiade. Ein Glossar ist angefügt, und man sieht Partyrunden bildlich vor sich, wo Begriffe wie «Germina» oder «Timur und sein Trupp» verlesen werden und die Gäste mit geröteten Gesichtern kichernd aneinander rücken. Aber so nostalgisch ist das nicht gemeint. Es sind Beschwörungsformeln. Um die Sehnsucht nach etwas zu stillen, das dem Menschen sagt, woher er kommt und wer er ist. Nicht nur das Land, das früher DDR hieß, ändert sich rasend schnell. Wo ist Zuhause, Mama?

Kein Wunder, dass die Literaten aus dem Osten früh begannen, davon zu erzählen. Ingo Schulze, Thomas Brussig, Jacob Hein oder Poeten im Berliner Café Burger. Florian Illies' «Generation Golf» durfte durchaus als etwas neidvolle, geschäftlich hochbrillante Reaktion verstanden werden. Und als Heimatbuch – allein der Osten kam nur ganz am Rande vor. Die Rückantwort sind Jana Hensels «Zonenkinder». Illies wertete die Sicherheit der Jugend in den Kohl'schen Achtzigern durch Ironie auf, die zugleich die neue Wehmut überdeckte. Die Verbündeten von Jana Hensel können offen melancholisch sein. Zumal sie auch hinter die Dinge blicken, andere als nur sich selbst betrachten und bei aller Heimat- und Generationenstiftung nicht nur zum Verklären neigen. Gar kein schöner Land war diese DDR, ein Land des staatlich sanktionierten Spießertums, des Durchschnitts.

Eigentlich erging es diesen «Zonenkindern» so wie schon den Hunsrück-Helden in der «Heimat»-Fernsehsaga von Edgar Reitz. Das Thema, das sich von den Liedern Herbert Grönemeyers bis zu Jana Hensel spannt. Aber auch Grönemeyer nennt statt «tief im Westen» nun den «Osten» seinen Sehnsuchtsort. Wer durch die späten Siebziger, die Achtziger und Neunziger entwurzelt wurde, darf so fühlen. Ältere, die immer ihrer Heimat sicher waren, muss so eine letzte, ideelle Heimat fremd erscheinen, wenn sie nicht konkret an Ort und Zeit gebunden ist. Den echten Kindern der Globalisierung mag das künftig ein vollkommenes Rätsel sein.

Die Oberfläche eines bald nur noch in Phantasie oder verwaschener Erinnerung, in Bratislava oder Minsk vorhandenen «Ostens» prägt bereits den Alltag. Kaum eine Elektropop-CD aus Berlin-Mitte ohne Plattenbaufassaden auf dem Cover. Im Kino der postsozialistische Charme von rauen Filmen wie «alaska.de» oder «Vergiss Amerika». Das Überhöhen aller Ostsymbole durch die westbestimmten Szene-Soziotope Ostberlins, die Interieurs der Clubs. Die Mineralbrunnen AG in Bad Überkingen wirbt für Afri-Cola, eine westdeutsche Errungenschaft, als wäre eine Ost-Brause zu retten – mit Zitaten aus dem Film «Sonnenallee», mit tanzenden Warteschlangen im holzgetäfelten Postamt. Sony fährt im neuen Werbefilm für seine Spielkonsole einen Wartburg auf. Was tiefer wirkt als bloßer Nostalgietrash. Eine popästhetische Osterweiterung.

Weder Jana Hensel noch die Musiker, die Film- und Werbeschaffenden konnten erahnen, dass zwei Großereignisse den Osten zusätzlich beleuchten würden: Elbeflut und Wahl zum Deutschen Bundestag. Der Osten hat den Norden und die Mitte Deutschlands ostiger und protestantisch-linker werden lassen, und aus Furcht vor einem Bayern haben sich die Zonenkinder selbst der PDS versagt. Der Flut entstieg der Ostmensch, leiderprobt, doch hoffnungsvoll. Ein Zukunftstüchtiger, ein hehrer Fatalist, der immer weitermacht, wenn Haus und Scholle fortgerissen sind.

«Die Ostdeutschen als Avantgarde» beschreibt der Soziologe Wolfgang Engler. Wie der «Held der Arbeit» zum Helden des globalen Umbruchs wurde. Engler erhebt ihn etwas übertrieben zum Sisyphos im «Downsizing», alles schrumpft, allein der Ostler suche unbeirrt nach Auswegen. Duldsam, klaglos wie jener Betriebsdirektor, dessen Werk es nicht mehr gibt, der heute nachts als Wachmann aber Neonazis in die Schranken weist. Das liest sich manchmal haarsträubend, doch grundverkehrt ist Englers Streitschrift nicht. Vielleicht wird man im Osten gegen die globalen Umbrüche nach all den Brüchen eher gewappnet sein.

Dabei hat Engler auch durch Zahlen unterfüttert, dass der Ostler sich durch seinen Osten definiert wie nie zuvor. Was aber ist der Osten? Englers Heimstatt lebenstüchtiger Pragmatiker? Ein abgeschlossenes Sammelgebiet? Ein Land, in das der Oldenburger Studienrat gern fährt, als reiste er in seine Kindheit?

LIBRARY, UNIVERSITY OF CHESTER

Auch beim jüngsten, heftigen Ost-West-Streit um den Gurkenhobel ging es darum: Helmut Weyhe, Rentner aus Johanngeorgenstadt, hatte den Gurkenhobel eines Bayern reklamiert. Der Bayer schrieb zurück, der Sachse sei vermutlich diesem Westerzeugnis nicht gewachsen. Ganz verwirrend wurde es, als man erfuhr, der Bayer sei ein Sachse und der Gurkenhobel ebenfalls ein Ostprodukt. Oder wie Jana Hensel stellvertretend für die Zonenkinder fragt: «Dachten wir uns den Osten vielleicht nur aus?»

Sie erzählt, wie sie bemüht war, nach dem Mauerfall den Westen zu begreifen und zu imitieren. «Ganz unverhofft sozusagen wollten wir eines Tages auftauchen, unsere Pässe hochhalten, in denen man Geburtsorte wie Cottbus, Sonneberg oder Wismar würde lesen können, und alle anderen in Staunen versetzen.» Aus alter Verbundenheit, schreibt sie, gibt sie musizierenden Russen gerne mal 'ne Mark.

Das Selbstgerechte, das den Zonenkindern häufig eigen ist, hat mit dieser Gewissheit einer ideellen deutschen Heimat viel zu tun. Die Heimat speist sich aus Erinnerungen, Kindheit, kollektiven Medienphantasien und warmen Wir-Gefühlen jeder mühevoll herbeizitierten *Generation*. Aber es hilft. Am Ostseestrand von Ahrenshoop sitzen die Zonenkinder neben Westurlaubern und betrachten über Kiel den Sonnenuntergang.

Manuela Thieme

Adieu, Pittiplatsch

Alles beginnt mit zwei Liedzeilen: «Wir hatten Sex in den Trümmern und träumten. Wir fanden uns ganz schön bedeutend.» Ohne Ambitionen geht es nicht, wenn man sich Gehör verschaffen will. «Ich habe lange auf dieses Buch gewartet», sagt Jana Hensel, die als Literaturkritikerin und freie Lektorin arbeitet. «Weil es nicht kam, habe ich es dann selbst geschrieben.» Der Titel: «Zonenkinder».

Im Osten geboren, im Westen erwachsen geworden, bilanziert die 26-jährige Autorin meinungsfreudig ihr kurzes, bewegtes Dasein in verschiedenen Zeit- und Raumzonen. In einer Mischung aus Privatchronik und Manifest und mit einem mutigen «Wir» formuliert Jana Hensel das Lebensgefühl der heute 20- bis 30-Jährigen, die ihr biographisches Schicksal teilen: die Ost-West-Zwitter, wie sie sich und ihre Altersgefährten nennt.

Jana Hensel war 17, als sie 1993 die Literaturzeitschrift EDIT mitgründete. Sie hat Sendungsbewusstsein, zweifellos. Ende letzten Jahres seien ihr die Gedanken für ihr Buch mit solcher Wucht und Genauigkeit gekommen, dass sie sich hinsetzte und an einem Abend gleich zwei Kapitel des Manuskripts schrieb, erzählt sie.

Sie ist nicht die Einzige, die plötzlich etwas loswerden wollte. Zur gleichen Zeit wie «Zonenkinder» entstanden andere Texte: «Wir Mauerkinder» von Ines Langelüddecke war ein Zeitungsaufsatz nach dem Anschlag auf das World Trade Center, «Denn wir sind anders» von Jana Simon ein literarisches Porträt eines gleichaltrigen Freundes, der sich das Leben genommen hat.

Drei junge Frauen aus dem Osten, die alle in den Siebzigern geboren sind, eine Zeit lang im Ausland studiert haben und die Frage nach Identität stellen. Zufall? Das mit den Frauen schon, meinen sie, das andere eher nicht. Sie kennen einander nicht, und so verschieden der Anlass für ihre Geschichten und Selbstauskünfte war, so ähnlich ist die Gemütslage, die sich da vermittelt. Nach lebhaften Jahren wird plötzlich zurückgeschaut: Wer sind wir? Was ist übrig geblieben von der Kindheit? Wie hat uns das Land, in dem sie stattfand, geprägt? Wie waren die Jahre nach 89? Und wo sind wir eigentlich angekommen?

Kann sein, dass dieses Nachdenken ein Phänomen jener Jahrgänge ist, die während der Pubertät nicht nur in persönliche, sondern auch politische Turbulenzen gerieten und die jetzt ihr biographisches Schleudertrauma aufarbeiten. Kann auch sein, dass viele müde abwinken, weil die Ost-West-Debatten längst geführt sind. Dennoch überrascht die Vehemenz, mit der die Selbstverständigung plötzlich noch einmal von ganz neuen Akteuren geführt wird.

Leipzig, Café Telegraph, ein trendiger, großzügiger Ort am Rande der City, in der Nähe des Theaters. Hier geht Jana Hensel am liebsten hin, wenn sie in ihrer alten Heimat ist. Vor drei Jahren zog sie nach Berlin, Sächsisch spricht sie längst nicht mehr, doch ihre Eltern leben noch in der Stadt. Am Tag zuvor war sie in Köln, am Tag danach fährt sie nach Wien. Dazwischen zwei Interviews. «Wir sind die ersten Wessis, die aus dem Osten kommen», heißt der zentrale Satz ihres Buches. Er klingt nicht nach Triumph, sondern nur wie eine folgerichtige Feststellung. Schulabschluss, Berufswahl, Freund, Autokauf – alle wichtigen Dinge wurden in der neuen Zeit entschieden.

Die Autorin bestellt Milchkaffee, ohne die Kellnerin anzusehen. Das erste Gespräch dieses Tages rumort noch in ihrem Kopf. Das Leipziger Stadtmagazin *Kreuzer* hatte eine westdeutsche Studentin geschickt. Sie war nicht begeistert von «Zonenkinder»; sie habe leider nur die Hälfte verstanden, meinte sie.

Gruppenrat, PA und FRÖSI als intergalaktische Geheimsprache? Jana Hensel guckt tatsächlich fast immer so konzentriert und streng wie die Frauen von Raumschiff Enterprise. Keine

Frage, sagt sie, «Zonenkinder» soll der Gegenentwurf zu «Generation Golf» sein. Der Bestseller von Florian Illies, der launig und ironisch den Alltag der westdeutschen Jugend in den achtziger und neunziger Jahren schildert, gilt inzwischen als Fibel für Stilkunde und Lebensart dieser Zeit. Sie erschien im Frühjahr 2000. Einige Verlage haben versucht, das ostdeutsche Pendant dazu herauszubringen. Jakob Heins «Mein erstes T-Shirt» gehört dazu; es war nicht mehr als eine Glossensammlung à la «Mein erstes Barthaar, mein erstes Bier, mein erster Zungenkuss». «Zonenkinder» hat einen anderen Ansatz: Es ist analytischer und klamaukfrei – wenn man mal von der Bebilderung mit Pittiplatsch und Pionierhalstuch absieht.

Als die Wende kam, war Jana Hensel 13. Die Namen von Schokoriegeln, Fernsehsendungen und Straßenschildern musste sie in Archiven recherchieren. «Ich konnte mich nicht mehr daran erinnern. Alles war ja innerhalb ganz kurzer Zeit verschwunden. Für mich ist es eine versunkene Welt gewesen, in die ich wieder eingetaucht bin», sagt sie. Im Buch nennt sie ihre Kindheit ein «Museum, in dem nicht viel Licht brennt». Und bekennt: «Ich möchte wieder wissen, woher wir kommen.» So beginnt ihr Text. Am Ende heißt es energisch: Wir sind übern Berg, die Ost-West-Diskussionen nerven, ich habe meinen Platz gefunden, jetzt kann's losgehen. Die Frage ist nur: was?

Darauf gibt es keine Antwort. Visionen, Werte? Im Telegraph erklärt die Autorin bündig, dass für sie und ihre Altersgefährten nur die Gegenwart zählt, der Moment, das Jetzt. Die *Süddeutsche Zeitung* hatte dieser Sicht auf die Dinge wöchentlich ein ganzes Magazin gewidmet. Gegründet 1993. In diesem Sommer wurde es eingestellt.

Klingt, als komme das Buch von Jana Hensel verdammt spät – als Nachzügler der Ost-West-Erkundungen. «Wir mussten erst unsere Stimme finden», hält sie dagegen.

Ines Langelüddecke, die Geschichte, Politik und Germanistik

studiert, sieht das genauso. Sie saß als junge, kluge Frau mit Ostherkunft schon auf vielen öffentlichen Podien, in letzter Zeit brachte sie gern ihre Selbstbeschreibung von den «Mauerkindern» unter die Leute. Darüber hat sie vor einem Jahr auch einen Aufsatz geschrieben. Nach den Anschlägen des 11. September und den Reaktionen der offiziellen Politik erklärte sie, dass sie mit bedingungsloser Solidarität nicht viel anfangen kann, genauso wenig wie mit dem Trauma der Nazizeit, von dem die Achtundsechziger immer reden. Sie, die aus einem kleinen Harzdorf an der einstigen deutsch-deutschen Grenze kommt, beschwor im Namen ihrer Generation das Jahr 1989 als Zäsur, dankte vielmals für die Freiheiten, die man nun genießt, und erklärte, dass sich viele ihrer Altersgefährten dennoch nicht so richtig mit dem neuen Staat identifizieren könnten. Die *Berliner Republik* und die *FAZ* druckten den Text. An den Reaktionen merkte sie, dass sie einen Nerv getroffen hatte. Westdeutsche Freunde fragten, warum sie diese Ostnummer abziehe. Die Eltern sorgten sich, was plötzlich mit ihr los sei.

Mitte der Neunziger hatten ihnen die Tränen in den Augen gestanden, weil die Tochter eines der begehrten Oxford-Stipendien bekam. «Wir hatten nur eine Chance: Wir mussten durch Leistungen auffallen. Da wir nicht aus Familien kommen, wo viel Geld da war, blieb uns nichts anderes übrig, als möglichst gut zu sein», sagt Ines Langelüddecke. Wer etwas wollte, ging irgendwann nach Berlin – so wie sie vor vier Jahren. «Hier haben die Westdeutschen den Osten entdeckt und uns mit ihren Fragen darauf gestoßen, dass wir etwas zu erzählen haben.» Sie merkt, wie sehr ihre Erinnerungen verschwommen sind – das empfindet sie als Verlust, ohne wirklich sagen zu können, was fehlt. Darüber redet sie, und es gibt einige, die das nicht nur offenherzig, sondern auch naiv finden. Marianne Birthler, Chefin der Stasiunterlagenbehörde, die kürzlich in einem Forum mit Ines Langelüddecke saß, meinte mütterlich: Bitte erspart euch dieses

ganze Identitätsgerede, schon wir sind damit nicht weiterge-
kommen.

Die junge Frau fühlte sich sehr missverstanden. «Es ist doch
normal, dass jede Generation nach ihren Prägungen fragt», ver-
teidigt sie sich und verweist auf ihren Alltag, der ein funktionie-
render Ost-West-Mix ist. Ihr Freund kommt aus dem Westen, an
der Uni kann man die Herkunft der Leute schon lange nicht
mehr ausmachen, genauso in der Wahlkampa der SPD, wo Ines
Langelüddecke zurzeit als Studentin mitarbeitet: «Die Leute
meines Alters verbindet ganz viel: der Individualismus, die
Weltoffenheit, der Ehrgeiz. Vielleicht sind wir im Osten nur ein
bisschen melancholischer, weil wir schon so viele Abschiede
hinter uns haben.»

«Generation Null» hieß der Text, mit dem die Berliner Journalistin Jana Simon 1998 erstmals versuchte, die Eigenarten der
Ost-West-Jugend zu diskutieren, die da heranwuchs. Zwei Jahre
später folgte «Das Buch der Unterschiede», das sie mit heraus-
gab und das nebenbei auch viel Gemeinsames auflistete. Ihr
neuer Titel «Denn wir sind anders» ist eine weitere Bestandsaufnahme, verwoben mit der Geschichte ihres farbigen Schulfreun-
des Felix, der Bachmusik hörte und zum Hooligan wurde. Er ist
jung gestorben. Sie musste das Drama aufschreiben, um es er-
tragen zu können. Es war wie ein Vermächtnis. Aus der konkre-
ten Spurensuche entwickelt sich eine zweite Ebene: das Selbst-
porträt einer Jugend, die in den Systemwechsel geraten ist.

Erschienen ist das Buch übrigens auch bei Rowohlt. Der Verlag hat Sinn für die jungen, neuen Stimmen. Im Frühjahr wurde
André Kubiczeks Roman «Junge Talente» verlegt, im Herbst folgen Gregor Sanders Erzählungen «Ich aber bin hier geboren». Es
geht nicht mehr um harmlose Pubertätsgeschichten, die die
Popliteratur jahrelang bestimmten. «Ich wollte zeigen, dass es
ganz andere Biographien gibt, viele, die gar nicht lustig sind»,
beschreibt Jana Simon ihren Anspruch. Das Interesse für frem-

de Lebensläufe sei da, meint sie, das Verständnis, die Akzeptanz anderer Wege fehle aber: «Manchmal denke ich, es ist Neid auf Schicksal.»

Sie spricht genauso nachdenklich und ernsthaft wie ihre Autorenkolleginnen, berlinert unerschrocken und ist genervt von dem ganzen Generationengerede: «Seit Mitte der Neunziger wird versucht, für die gesamtdeutschen Jahrgänge eine Formel zu finden. Es gibt viele Vorschläge, nur einer hat sich durchgesetzt: Generation Golf. Aber ich glaube, da kam das Wort Osten nicht einmal vor.»

Mit der These von Florian Illies, dass der 11. September zum ersten gemeinsamen Schlüsselereignis für die ost- und westdeutsche Nachwendejugend werde, kann sie erst recht nichts anfangen. Das Medienspektakel, das der Katastrophe folgte, habe alle authentischen Gefühle überlagert. «Was uns am ehesten als Grunderfahrung verbindet, ist jetzt die Wirtschaftskrise, die Entlassungen. Junge Leute, die gut ausgebildet sind, verlieren ihre Arbeit. Solche existentiellen Erlebnisse machen panisch.» Börse, Rente, Klima – nichts ist mehr sicher auf dieser Welt. Könnte das eine neue Einsicht sein, die dem Leben da abgewonnen wurde, oder gilt sie nicht schon seit der Zeitenwende 89?

Jana Simon ist 29, also gerade noch ein «Zonenkind» nach Jana Hensels Rechnung. Die Bücher der beiden Frauen enthalten Passagen, die sich teilweise bis aufs Wort ähneln. Da die Texte fast parallel entstanden, macht sie das umso interessanter.

Während Jana Simon die Medien- und Publikumsreaktionen auf ihr Buch schon kennt, ist Jana Hensel ganz ungeduldig. Wie sehr so ein Manuskript auch polarisieren kann, hat sie in der eigenen Familie erlebt.

Als sie noch an ihrem Text schrieb, bekam ihre Mutter das Kapitel über die Eltern zufälligerweise in die Hände. Da stand, wie die Kinder sie vor ihren Freunden versteckten, weil sie sich schämten – für deren Verbitterung über ihr Nachwendeschicksal, für ihren komischen Geschmack, für ihren Wahn, dass alles billig sein muss. Unbequeme Wahrheiten, über die vorher nie gesprochen wurde. Sie mochte die Eltern trotzdem sehr und wollte sie schonen. «Sie lagen ja schon am Boden», heißt es im Buch.

Tief verletzt von dem, was sie da gelesen hatte, kündigte die Mutter an, den Kontakt abzubrechen. Jana Hensel fuhr noch am gleichen Abend nach Hause, um den Ärger zu diskutieren.

Da es keine wirklich großen Differenzen zu den gleichaltrigen Westdeutschen mehr gibt, ist die Elterngeneration wieder das, was sie jahrhundertelang war – beliebte Projektionsfläche für jugendliche Selbstbefragungen. Auch das ist im Kern also nichts Neues, aber die Vorwürfe, um die es konkret geht, geben den Stoff für eine spezielle Ost-Ost-Debatte her – oder wenigstens für einen bewegten Familiennachmittag.

Der Deutschlandfunk wird das komplette Manuskript von «Zonenkinder» in vier Teilen senden. Es könnte sein, dass die Autorin mit ihrem Buch schafft, wonach sie sich sehnt: Aufmerksamkeit. Manches hat man sicher hier und da schon gelesen. Das Besondere ist das enorme Selbstbewusstsein, mit dem die eigene Geschichte erzählt wird. Das gab es bisher nicht im Osten.

Rummel um die Zonenkinder

Texte zur Wirkungsgeschichte

Auch im Frühjahr 2003 ließ die Aufmerksamkeit für das Phänomen «Zonenkinder» nicht nach. Langsam dämmerte es den Lesern und Journalisten, dass es sich bei dem ganzen Trubel nicht um eine temporäre Modeerscheinung handelte. Vielmehr konnten sich verdrängte und aufgestaute Gefühle über die Diskussion um ein einzelnes Buch Bahn brechen und so ein Zustand einsetzen, der über mehr als zehn Jahre auf sich hatte warten lassen.

Das Interesse an den «Zonenkindern» stieg weiter an. Jana Hensel reiste mit dem Buch zunächst durch den Osten, dann durch den Westen Deutschlands, quer durch Europa und sogar nach Kanada, Japan, Korea und China. Übersetzt wurde «Zonenkinder» bereits ins Dänische, Finnische und Englische.

In Deutschland befassten sich nicht mehr nur die Zeitungsfeuilletons, sondern nun auch die Boulevardpresse und die Fernseh-Talkshows mit dem Buch und zunehmend mit der Autorin. Immer mehr ging es um den Erfolg, seine Ursachen und Folgen. Beispielhaft dafür ist Doja Hackers Autorenporträt «Ich bin aber nicht traurig». Alexander Cammann lässt in seinem umfangreichen Aufsatz noch einmal die Lebensstationen des Buches Revue passieren und zeigt zugleich, dass die «Zonenkinder» auch Monate nach dem Erscheinen noch die Gemüter erhitzten.

Jana Hensel zu Gast in der Harald Schmidt Show im November 2002

Doja Hacker

«Ich bin aber nicht traurig»

Die Nivea-Creme der DDR hieß Florena, und es gibt sie noch.
Jana Hensel hat wegen ihrer im Winter aufgesprungenen Lippen
immer Florena dabei. Seit ein paar Tagen überfällt sie jedes Mal,
wenn sie die blau-weiße Dose in die Hand nimmt, ein unangeneh-
mes Gefühl. Denn ihre Florena war der Anlass für den Abbruch
eines Gesprächs, das gut gelaunt begonnen hatte. Kai Biermann,
junger Journalist ostdeutscher Herkunft, wollte die Bestseller-
autorin Hensel für die *Stuttgarter Zeitung* porträtieren. Man saß
im Café, friedlich, bis Jana Hensel sich die Lippen eincremte.
«Die benutzt doch nun wirklich keiner mehr!», warf ihr der Besu-
cher vor und beendete gleich darauf die Unterhaltung: «Wir finden irgendwie nicht zueinander.» Nach diesem aggressiven Be-
scheid brach er auf, und Jana Hensel blieb ratlos zurück. Ihr ist
es egal, ob Florena oder Nivea, Hauptsache, es hilft.

Vielleicht hat die in Leipzig aufgewachsene, in Berlin le-
bende Hensel auch deshalb aufgesprungene Lippen, weil ihr seit
einiger Zeit so scharfer Gegenwind ins Gesicht bläst. Er kommt
aus dem Osten und gilt ihrem Anfang September erschienenen,
zwischen Sachbuch und Roman angesiedelten Debüt «Zonenkinder». Das Buch beschreibt die Generation der heute Mittzwanziger, die beim Fall der Mauer Teenager waren; die im Osten aufwuchsen und im Westen erwachsen wurden. Eine Generation,
deren bisherige Lebenszeit in zwei exakt gleiche Hälften gespal-
ten wurde, «zwittrige Ostwestkinder» nennt Hensel sie oder die
«ersten Wessis aus Ostdeutschland».

Von westdeutschen Kritikern wurde «Zonenkinder» bestaunt
und gelobt – als frei von Larmoyanz und so sensibel wie sach-
lich, dazu als notwendige Ergänzung zu Florian Illies' westdeutscher «Generation Golf». Und es gab genügend Menschen im
Land, die das wissen wollten: Hensels Suche nach der verlore-

nen Kindheit gelangte schnell auf die Bestsellerlisten, ihre Recherche du temps perdu machte die Autorin innerhalb weniger Wochen bekannt im ganzen Land. Ein Erfolg, der jetzt an ihren Nerven zerrt.

Denn kaum hatte sich das Buch herumgesprochen, bliesen die Rezensenten aus dem Osten zum Angriff auf die 26-jährige Autorin. Sie warfen ihr vor, ein «Poesiealbum» verfasst zu haben, das die DDR wie eine beste Freundin behandle; sie habe «nach dem Kultbuch» geschielt, sei unpolitisch, dafür «dem Nippes» verfallen [siehe in diesem Buch S. 41]. Sie entdeckten einen «selbstgefälligen Ton» in der «greisenhaft kindlichen» Identifikation «mit dem Belanglosen» [siehe S. 32]. Sie verstiegen sich sogar zur These, kein Westdeutscher hätte sich getraut, solche Banalitäten mitzuteilen. Allein die Wende gebe den allzu gewöhnlichen Ereignissen den dramatischen Hallraum. Angewidert vom «abstoßend platten Titel» fielen sie auch über den Ton des Buchs her: «ungenau, stilistisch reizarm und penetrant ironisch» *(Literaturen)*.

Schließlich verglichen sie die Debütantin mit führenden Namen ostdeutscher essayistischer Literatur und klassifizierten sie als Schädling auf dem Anbaugebiet der Vergangenheitsbewältigung. Ihr Buch versperre den Platz für eine ernst gemeinte Aufarbeitung von DDR-Geschichte. Als handele es sich bei Hensels höchst persönlicher Erinnerungsprosa um ein Standardwerk für angehende Historiker.

Woher diese geballte Wut? Auch wenn Jana Hensel geglückt ist, wovon andere Debütanten träumen – mit dem ersten Schlag in die «Harald Schmidt Show» eingeladen zu werden –, Neid erklärt das Phänomen nicht. Es ist das kollektivierende «Wir», das die Herkunftsgenossen gegen sie aufbringt. «So schnell», schreibt der (Ost-)Kritiker der *Frankfurter Allgemeinen*, «hat noch kein Hippie seinem Gegenüber das Du aufgedrängt wie dieses Buch dem Leser das Wir.»

Dass der Plural provozieren würde, wusste Jana Hensel.

Doch dass man ihr das «Wir» mit solcher Wucht um die Ohren haut, das überrascht sie. Und auch ihren Verleger. Der suchte und fand eine Erklärung: Während der jahrzehntelang individualisierte Westen sich über Gemeinsamkeiten freue, mutmaßt Alexander Fest, Leiter des Rowohlt Verlags, sei der Osten vom Kollektivieren gebrandmarkt und lehne Verallgemeinerungen ab. Die angefeindete Autorin stimmt der These zu. Schließlich habe dem Westautor Florian Illies in seiner «Generation Golf» das «Wir»-Sagen fast niemand übel genommen.

Sie fühlt sich missverstanden. Jana Hensel wollte Wahrnehmungen festhalten, die bald unwiederbringlich verloren sein könnten. Von Gerüchen und Geräuschen berichten und von so seltsamen Details wie den übergroßen rosa Schleifen im Haar der «unsäglich isolierten» sowjetischen Mädchen. Und nun werden diese aus der Erinnerung hergewehten Bilder in Grund und Boden gestampft, weil sie nicht hinzufügte, dass es ein Unrechtsstaat gewesen sei, von dessen Besonderheiten sie erzählt. Nur: «Was weiß eine 13-Jährige vom Unrechtsstaat?»

Sie könnte sich zur Wehr setzen, könnte argumentieren, dass die spätere Beurteilung der DDR die Perspektive ihrer Erzählung verfälscht hätte, aber die Anfeindungen haben ihr eben die Sprache genommen, deren Unschuld den Charme des Buchs ausmacht. Als wäre sie es inzwischen gewohnt, sich für ihre friedlichen Kindheitserinnerungen rechtfertigen zu müssen, sagt sie: «Ich denke viel intellektueller, als mein Buch geschrieben ist.» Sie redet nur noch auf gesichertem Terrain, verschanzt sich hinter nicht angreifbarer Wissenschaftssprache: Die Attacken gehören für sie zur «Logik der medialen Diskursmaschine», die sich selbst am Laufen halten muss. Gefühle spart sie aus, stattdessen spricht sie vom «notwendig Episodenhaften», von Anekdoten, die sie «aufbereitet» habe für ihren «Erinnerungsteppich».

Sicher, ein wenig möchte sie auch mitspielen. So schnell wird man nicht noch einmal berühmt. Deshalb hat sie einen Satz gut eingeübt: «Es ist ein Trugschluss zu glauben, man kennte mich, wenn man dieses Buch gelesen hat.» So spricht eine junge Autorin, die sich ein Image zurechtschneidert. Denn ohne Image kann man nicht herumtoben in der Medienwelt. Ein Image braucht man, wenn die Redakteure von der «Johannes B. Kerner-Show» und von «3nach9» in Vorabgesprächen die Eloquenz der jungen Star-Autorin prüfen. Und Image heißt vor allem: nichts von sich preisgeben. Jana Hensels Image ist das der perfekt assimilierten Deutscheuropäerin.

Die Fernsehzuschauer werden in kommenden Talkshows ein fotogenes selbstsicheres Mediengeschöpf präsentiert bekommen, keinen ungeschützt auftretenden Menschen. Hensel spielt eine Rolle: die kluge Studentin, die ein Buch schrieb, das ihrer Meinung nach fehlte. Für die es auch in Ordnung gewesen wäre, wenn jemand anderes dieses Buch geschrieben hätte. Eine Intellektuelle, die Lektorin werden möchte, nicht Schriftstellerin. Ein zweites Buch wolle sie nicht schreiben, sagt sie. Das gibt es selten. Das klingt ein bisschen zu bescheiden, als dass man es glauben könnte. Zu sehr wie geschaffen für Moderatoren: So was hatten wir noch nicht in der Sendung.

Jana Hensel hat begriffen, dass sie stellvertretend gehätschelt und geprügelt wird – stellvertretend für ein kollektives schlechtes Gewissen im Westen und für einen kollektiven Erinnerungsschwund im Osten, und deshalb versucht sie, mit dem Betrieb zu spielen wie der mit ihr. Dazu muss sie sich maskieren.

Aber wer befindet sich hinter dieser Maske? Eine junge Frau, die heimlich zu viel schläft und davon träumt, später mal für ein Jahr nach Amerika zu gehen. Eine Studentin, die noch eine Weile im Schutzraum der Universität bleiben will, «bis alles wieder besser wird». Eine Tochter, die ihr Studium ordnungsgemäß beenden möchte, nicht weil sie selbst daran glaubt, sondern weil «meine Mutter das für richtig hält». Eine Prenzlauer-Berg-Bewohnerin, die «fast fanatisch» joggt gegen Anwandlungen von schlechter Laune und die sich «zum Leidwesen meiner Mutter» ausschließlich von Fast Food ernährt.

Ungeheuer normal – mit einer Einschränkung: Für eine 26-Jährige ist überraschend oft von der Mutter die Rede. Ihrer Mutter (und ihrer Schwester) hat Jana Hensel ihr Buch gewidmet. Die Mutter ist die heimliche Adressatin. Das Buch ist ein Appell an sie, nicht alles zu vergessen, was einmal ihren Alltag ausmachte. Vielleicht sogar eine zaghafte Anklage, den Dachboden so schnell ausgeräumt zu haben für das vermeintlich bessere Neue. Indem sie die Mutter an Vergessenes erinnert, holt sich die Tochter die notwendige Auseinandersetzung mit ihr zurück.

Auflehnung gegen die Eltern gehört zum Erwachsenwerden. Die Zonenkinder hatten dazu keine Gelegenheit. Vor 13 Jahren wurde die Autorität ihrer Eltern über Nacht zerschlagen. Ihre Frage an die Eltern lautet nicht: Warum habt ihr geschwiegen? Sondern: Warum glaubt ihr, alles vergessen zu müssen?

Viele Mittzwanziger stellen diese Frage. Bei Hensels Lesungen bleibt kein Stuhl unbesetzt, körbeweise Briefe erreichen die Autorin. Sie stammen alle von im Osten aufgewachsenen, im Westen lebenden Altersgenossen. Und handeln von gelingender Anpassung, aber auch von Sehnsucht. In diesem Spagat leben die Zonenkinder.

Der Rest ist Zukunft. Die Zeitspanne DDR wird von nun an in ihrem Leben immer kleiner werden. Relativ gesehen. Und das heißt: keine Zeit mehr für Sentimentalitäten. Zur Assimilierung gehört auch eine Abkehr von Eigenschaften, die im Westen als typisch ostdeutsch gelten. Mit dem Bild des sozial denkenden Gutmenschen möchte Jana Hensel nichts mehr zu tun haben: «Meine Generation», sagt sie, «weiß sehr genau, wann man die Ellenbogen ausfahren muss.» Wenn ich was erreichen will, zitiert sie sich und andere, «muss ich den Osten hinter mir lassen – unser Vorbild war immer der Westen».

Nur hat der die Pläne, Erwartungen und Hoffnungen auf ein Minimum schrumpfen lassen. Gerade mal so durchkommen ist alles, was man sich im Moment vornehmen kann. Von Euphorie keine Spur mehr. Stattdessen Distanz zu allem und in jeder Hinsicht. Distanz ist das Wort, das Jana Hensel im Gespräch am häufigsten gebraucht. Ihren Blick in die Kindheit will sie als «distanzierten Blick» verstanden wissen. Distanz ist ihr wichtig – beim Denken und auch in der Liebe. Alle 14 Tage trifft sie ihren Freund in Frankfurt am Main. Sie ist ein «erklärter Fan der Fernbeziehung». Auf das Ostmodell der frühen Familiengründung setzt sie nicht. Gesunder Pragmatismus: «Zu DDR-Zeiten bekam man als Familie leichter eine Wohnung. Heute sollte man erst mal für sich selber sorgen.»

Die Zukunft, die sie sich ausmalt, hört sich nicht munter an. «Allein mit zwei Bälgern» werde sie landen – «unabhängig und wenig postkartenglücklich». Zugegeben, sie sei ein bisschen pessimistisch, «aber das sind wir doch gerade alle».

Was vermisste der ostdeutsche Journalist bei der westlich assimilierten Autorin? Weshalb brach der das Gespräch ab? Kai Biermann möchte sich dazu nicht äußern, er wartet darauf, dass sein Artikel gedruckt wird. «Vielleicht wollte er, dass ich Trauer über die abgebrochene Kindheit zugebe», überlegt sich Jana Hensel: «Ich bin aber nicht traurig.» So klingt jemand, der sich etwas fest vorgenommen hat.

Alexander Cammann

Auf der Suche nach dem DDR-Gefühl

Zwei Neuerscheinungen stürmten im vergangenen Herbst die Sachbuch-Bestsellerlisten: Dieter Bohlens «Nichts als die Wahrheit» und Jana Hensels «Zonenkinder». Dieter Bohlen lag wochenlang unangefochten an erster Stelle und fand über 500 000 Käufer. Aber die «Zonenkinder» waren ausdauernder. Nie lagen sie wie Bohlen ganz vorn, doch im Februar 2003 rutschte dieser weit nach hinten auf Platz 11 der *Spiegel*-Bestsellerliste, während Hensels Buch immer noch den fünften Platz innehatte. Über 115 000 Exemplare verkaufte der Rowohlt Verlag – und das fast ohne Werbung.

Bohlens und Hensels auf den ersten Blick so unterschiedliche Bücher eint jedoch noch mehr als ihr Verkaufserfolg. Beide Autoren haben Identifikationsbücher geschrieben. Sie erzählen Geschichten vom Aufstieg und Ankommen in der bundesdeutschen Gesellschaft aus einer ursprünglichen Außenseiterposition heraus – von unten nach oben oder doch zumindest von außen hinein in die Mitte. Es geht um erfolgreich gemeisterte, vielfach krisenhafte Leben, um Siege und Niederlagen. Den Leser zwingen sie dazu, Position zu beziehen. Man kann nur zustimmen oder ablehnen; in beiden Fällen definiert man sich selbst. Darin besteht das Geheimnis ihrer außerordentlichen Erfolge. Vielleicht spendet gerade solcherart Lesestoff in gesamtdeutschen Krisenzeiten besonderen Trost?

Nun mag es beim «erfolgreichsten Komponisten seit Mozart» (Bohlen über Bohlen) noch einigermaßen erklärlich sein, weshalb eine halbe Million Menschen bereit ist, Geld für intime Details aus seinem Leben zu bezahlen. Dem omnipräsenten Dieter Bohlen kann man zwischen «Superstar» und *Bild*-Schlagzeilen schlecht entkommen. Im Falle einer unbekannten, 1976 geborenen Leipzigerin ist das anders – ihr plötzlicher Erfolg aus dem

Nichts heraus ist in der deutschen Verlagsgeschichte nahezu beispiellos.

Kaum ein halbes Jahr nach ihrem Erscheinen können die «Zonenkinder» schon eine beachtliche Rezeptionsgeschichte vorweisen. Sie begann im Osten: Das September-2002-Heft des *Magazins*, jener ob ihrer erotischen Fotos legendären ostdeutschen Zeitschrift, machte die «Zonenkinder» zum Titelthema und stellte das «widersprüchliche Lebensgefühl der 20- bis 30-Jährigen» anhand der Autorinnen Jana Hensel, Jana Simon (geb. 1972) und Ines Langelüddecke (geb. 1976) vor [siehe S. 47 ff.]. Doch rasch wurden die «Zonenkinder» auch in Hamburg, Zürich, Frankfurt/Main und München entdeckt: Die *Frankfurter Allgemeine Sonntagszeitung* begrüßte enthusiastisch die «Generation Golf des Ostens» [siehe S. 12 ff.]. Ähnlich begeistert war der *Spiegel* vom «Höhepunkt in der Menge der Lebensbilder auf der Buchmesse»: Er fand das Buch «unprätentiös und unverschmockt, präzise und klar, mit lyrischen Passagen und literarischen Ambitionen» [siehe S. 18].

Das sah die *Neue Zürcher Zeitung* ganz anders: Sie attestierte dem Buch eine krude «Mischung aus Selbstbezichtigung und Ostalgie, Selbstironie und pubertärem Mitteilungsdrang» voller Plattitüden. Auch in der *Frankfurter Allgemeinen* ging der ostdeutsche Rezensent Peter Richter mit den «Zonenkindern» ins Gericht: Es handele sich «um den hektisch zusammengeschriebenen Anführer der Sachbuchliste eines Verlages», der «rechtzeitig zur DDR-Erinnerungswelle auf dem Markt sein wollte» – «eine inhaltliche Fehlleistung». Für die *Süddeutsche Zeitung* deutete deren ostdeutscher Feuilletonredakteur Jens Bisky Wolfgang Englers «Die Ostdeutschen als Avantgarde» und Jana Hensels «Zonenkinder» gemeinsam aus. Auch Bisky konstatierte: «Das greisenhaft kindlich geschriebene Buch interessiert als Symptom» [siehe S. 31]; die «Wende hat die Vielfalt des Lebens im

Osten enthüllt, die ‹Zonenkinder› werden als einfältige Gruppe gezeichnet» [siehe S. 30 f.]. Bald schon setzte der Metadiskurs ein: die Deutung der Rezeptionsgeschichte. Der *Spiegel* thematisierte zuerst die vehemente Kritik an den «Zonenkindern», angeblich vorwiegend von ostdeutschen Kritikern vorgebracht, entdeckte bei ihnen gar «geballte Wut». Sowohl Verleger als auch Autorin meinten hilflos, dass sich wohl die Ostdeutschen am Hensel'-schen «Wir» stören würden, da ihnen solcherart Zwangsvereinnahmung noch aus DDR-Zeiten verhasst sei [siehe S. 57].

Die ungewöhnlich polarisierte Debatte verschaffte dem Buch die nötige Aufmerksamkeit. Zahlreiche Interviews der Autorin und ihre souveränen Auftritte in vielen Talkshows, so in der denkbar westlichsten aller Fernsehsendungen, in der «Harald Schmidt Show», taten ihr Übriges.

Der Vorzug, kaum jemanden gleichgültig zu lassen, ist ebenso Teil des Buchkonzepts wie der Drang, möglichst viele anzusprechen. Das Buch ist vor allem auf Wirkung kalkuliert. Die knapp über 150 Textseiten plus fünf Seiten Glossar lesen sich rasch. Gegliedert ist das Buch in acht Kapitel: Kindheit, Heimatgefühl, Geschmacksfragen, die Beziehung zu den Eltern, Schule in der DDR und nach 1989, Freundschaften und Liebesbeziehungen, Sport und zuletzt Gegenwart und Zukunft der Zonenkinder. All das erinnert an Florian Illies' «Generation Golf», weshalb beide Bücher häufig miteinander verglichen wurden – zu Recht. Das Buch des ehemaligen *FAZ*-Redakteurs endete in auch auf den Hensel'schen Versuch passender Selbstironie: «Wir haben, obwohl kaum erwachsen, schon jetzt einen merkwürdigen Hang zur Retrospektive, und manche von uns schreiben schon mit 28 Jahren ein Buch über ihre eigene Kindheit, im eitlen Glauben, daran lasse sich die Geschichte einer ganzen Generation erzählen.» Fragwürdig und angreifbar wird Jana Hensels Adaption des Prinzips Illies' allerdings durch etwas anderes:

Während in der «Generation Golf» der geschlossene Raum der Bundesrepublik der 1980er Jahre beschrieben wird, will Jana Hensel Kindheit und Jugend in der DDR/Ostdeutschland vor und nach 1989, also mithin in zwei verschiedenen Welten, schildern. Hinzu tritt noch die eigene Entdeckung des Westens. Drei Orte hat also dieses Buch – diese drei Erfahrungen und heterogenen Welten auf einen Nenner für möglichst viele junge Ostdeutsche bringen zu wollen, ist ein kaum zu bewältigendes Unterfangen. Zudem hat die Generationenkonstruktion bekanntlich ihre Tücken: Die alle einende Umbruchserfahrung lässt sich mit dem Wasser vergleichen, das für alle Schwimmer die gemeinsame Erfahrung ist – wobei Letzteres auch noch zu klären wäre. Umbruch ist also nicht gleich Umbruch.

An diesem Maßstab gemessen, musste das Buch zu einem problematischen Fall werden. Hensels Handwerkszeug ist das Schleifpapier für die Oberflächenbearbeitung, nicht das Bohrgerät zum Vordringen in tiefere Schichten. Im Buch weckt sie zwar anfänglich die schönsten Hoffnungen: «Ich möchte wieder wissen, wo wir herkommen, und so werde ich mich auf die Suche nach den verlorenen Erinnerungen machen.» Doch die werden rasch enttäuscht: Zu oft schon hat man sich an die Produktpalette der untergegangenen DDR erinnert, als dass man sich mit Beobachtungen wie «statt Puffreis aßen wir Popkorn, die ‹Bravo› ersetzte die ‹Trommel›» zufrieden geben würde. Mit wachsendem Ärger stellt man fest, dass Jana Hensels Erinnerungsarbeit nicht gerade intensiv war, obwohl oder besser gerade weil sie viel in alten FRÖSI-Ausgaben herumgestöbert hat: Oft genug reduziert sie das Kindsein im Osten auf die Erinnerung an ihre alljährliche Aufregung in der Nacht auf den 13. Dezember, den Pioniergeburtstag. So östlich wie bei Hensel war der Osten zu DDR-Zeiten nie. Erstaunlich ist auch die eigentümliche Sterilität des Buches: Zwar ist andauernd von den Produkten, Orten und Erlebnissen einer Kindheit in der DDR die Rede, doch es entsteht kein Zusammenhang; alles wird hintereinanderweg kurz angerissen. Diese andere Kindheit bleibt seltsam geruchlos, ohne Intensität.

Für die Zeit nach 1989/90 fallen ihre Beobachtungen deutlich reflektierter aus. Doch auch hier findet sich Abstruses, so die Verklärung Franziska van Almsicks zum größten Vorbild der Zonenkinder – von ihr selbst in einem Interview mit der *Berliner Zeitung* als «essayistische Idee» entschuldigt. Franzi dürfte ihre identifikatorischen Qualitäten, im Unterschied zu Britney Spears oder Robbie Williams, an nicht allzu vielen Zonenkinder-Wänden entfaltet haben. Zudem gibt es selbst noch in der fünften Auflage Fehler: beispielsweise die Verwandlung des Kirchenjuristen Manfred Stolpe in einen Pfarrer oder die von Rolf Schwanitz, Staatsminister im Kanzleramt, in einen «Carsten Schwanitz». Die Schwierigkeiten von Politik und Moral sind Hensels Sache ohnehin nicht: «Die Stasi-Diskussion geht uns am Arsch vorbei», so ihr knackiges Statement aus einem Interview mit der *Saarbrücker Zeitung.*

Ein Trugschluss offenbart sich somit schnell: Es geht in Jana Hensels Text nicht um die Erinnerung an die DDR oder um die Umbrucherfahrung nach 1989. Denn sie erinnert sich nicht an ihre DDR-Kindheit, sondern versucht sie zu empfinden. Dieser Unterschied ist nicht zu unterschätzen: Die DDR mutiert im Rückblick zu einem DDR-Gefühl. Durch dieses DDR-Gefühl, das naturgemäß noch diffuser und schwankender als die Erinnerung ausfällt, ist das Andocken an vielfältige Erfahrungen möglich. Deshalb müssen die «Zonenkinder» auch an der Oberfläche bleiben, um diese allseitige Anschlussfähigkeit nicht zu gefährden. Das hat mit Erinnerungsliteratur im eigentlichen Sinne nicht mehr viel zu tun. Jana Hensel selbst hat oft darauf verwiesen, dass sie 1989 erst dreizehn Jahre alt war und somit viele Erfahrungen des DDR-Alltags nicht in ihr Buch hätte aufnehmen können. Umso drängender hätte sich ihr eigentlich die

Frage nach der Prägekraft früher *Bummi*-Lektüre stellen müssen. Sehr schnell wäre sie dann bei anderen Dingen gelandet, die wichtiger für eine DDR-Kindheit gewesen sind, in ihrem Buch aber, wenn überhaupt, dann nur schemenhaft vorkommen: Kinder, Eltern, Schule, Konflikte und Glücksmomente. Das wäre jedoch Erinnerungsarbeit gewesen, die das Risiko geringerer Kompatibilität eingegangen wäre.

Es bleibt ein erstaunliches Phänomen, dass Mitzwanziger glauben, ihre autobiographisch gefärbten Texte könnten unter solchen Umständen interessant genug für eine Veröffentlichung sein. Das spricht für ein ausgeprägtes Selbstbewusstsein. Eine gewisse Erfahrungslosigkeit scheint das Verfassen solcher Erzählungen zu befördern. Die Erinnerungen vieler 60- oder 70-jährigen Ostdeutschen wären dagegen um einiges spannender. Hensels nicht sonderlich interessante Geschichten profitierten vom Wissen um das Ereignis von 1989, das hinter ihnen lag: Dessen Licht würde auch noch dem Unbedeutendsten den Glanz historischer Wichtigkeit verleihen, so Jens Bisky in der *Süddeutschen Zeitung*.

Diese Entscheidung hätte Jana Hensel treffen sollen: Schreibt man ein Generationenporträt, dann muss man mehr Inhalt bieten als schon oft gelesene Problemkonstellationen à la «Die Kaufhalle hieß jetzt Supermarkt», erst recht, wenn diese Generation vor dem Hintergrund der späten DDR inszeniert wird. Oder man schreibt die persönliche Erinnerung auf, vielleicht an das Leipzig vor und nach 1989, mit den Augen eines Kindes betrachtet. Dies hätte dann mit der dafür notwendigen Lust an der seelischen Tiefenbohrung indirekt sogar tatsächlich eine Generation kreieren können. Was für eine Chance wurde hier verpasst!

Doch all diese Kritik kann die Autorin kaum treffen, denn sie verfehlt deren eigentliches Anliegen. Im Grunde bestätigen vielmehr alle Einwände ihr Konzept: Sie hätte beim Schreiben ihre

Schulklasse vor Augen gehabt, Kinder von – in der DDR-Terminologie – «Asozialen», Funktionärskinder, Arbeiterkinder, Kinder aus bürgerlichen Elternhäusern. «Die sollen das Buch lesen können», so Jana Hensel in der *Berliner Zeitung*. Wer dieses heterogene Publikum erreichen will, darf sich um Genauigkeit nicht scheren. Daher ist auch das eigentümliche Changieren zwischen «Ich» und «Wir» ein genialer Schachzug des Buches: Er suggeriert immer eine Position der Autorin, wo für sie doch in Wirklichkeit die Resonanz beim Publikum zählt. Genau dies macht das Buch zu Integrationsliteratur: Der Erfolg misst sich hier nicht mehr an der Stimmigkeit oder Authentizität der Erinnerung, sondern an der medialen Resonanz. Die «Zonenkinder» sind ein Produkt, das als Konfektionsware Integrationsfunktionen erfüllt, ganz nach dem aus der Parteienwerbung bekannten Prinzip der Stimmenmaximierung. Es geht um die Integration in den Westen: östlich angehauchte Geschichtchen werden in die Formen und Farben des Westens übersetzt. Ihre Leistung besteht eben nicht in der Erinnerungsarbeit. Ostdeutsche können sehen, dass es eine der ihren mit den gleichen Geschichten, die auch sie hätten erzählen können, geschafft hat – sogar bis zu Harald Schmidt. Diese Literatur ist im doppelten Wortsinne angekommen. Jana Hensel hat verstanden, dass ihre Herkunft ihr Kapital ist, das, den Marktgegebenheiten angepasst, eine schöne Rendite abwirft: «Wir wollen Geld verdienen und allen zeigen, dass wir die Spielregeln des Westens gelernt haben und damit umgehen können.» «Ich denke viel intellektueller, als mein Buch geschrieben ist» – gerne glaubt man ihre nachträgliche Rechtfertigung [siehe S. 57].

Indem sie virtuos die Klaviatur der westdeutsch dominierten Öffentlichkeit mit scheinbar östlichen Geschichten bespielt, ist sie tatsächlich weniger ein «zwittriges Ostwestkind», sondern ein «erster Wessi aus Ostdeutschland». In diesem Sinne offenbart sich auch ein «Ich bin nie ganz angekommen in diesem neuen Deutschland» von Ines Langelüddecke bei näherem Hinsehen als Koketterie mit einer allseits goutierten Fremdheit, die in Wirklichkeit sehr wohl anschlussfähig an westliche Rezeptionsmuster ist. Die «Verteidigung unserer Kindheit» ist unnötig, weil es den öffentlichen Resonanzraum ohnehin nach den «anderen» Erinnerungen dürstet, solange die Form kompatibel ist. Doch dieser exotische Status bedeutet Anerkennung und Diskriminierung zugleich; in diesem Spannungsverhältnis liegt das eigentliche Problem.

Auch Hensels Sprache passt in ihr Konzept: Sie ist abgestimmt auf rasche Konsumierbarkeit und auf eine unbestimmte Sehnsucht nach Sentenzen. Wie sich östliche und westliche Diktion und sprachliche Motive mittlerweile ähneln können, illustriert folgender Vergleich: Jana Hensel teilt nicht nur ihre Initialen mit einer bekannten anderen jüngeren Autorin, sondern auch die Vorliebe für Inhalte von Jeans- oder Jackentaschen: «[...] die Jacke, die er immer trug und in deren unzähligen Taschen er früher alles Mögliche aufbewahrt hatte, Angelhaken, Vogelfedern, Nüsse und eine Paketschnur, einen kleinen, blauen Stein von der französischen Atlantikküste, ein Token für die Untergrundbahn in New York [...]», heißt es bei der einen, und bei der anderen liest man: «[...] und so habe ich keine Tasche mitgenommen, in der Jeans aber alle meine Sachen verteilt, Hausschlüssel, Zigaretten, Feuerzeug, ein paar Euro, einen Hühnergott». Es ist schwer zu erraten, von wem welcher klischeebeladene Text stammt – der erste findet sich bei Judith Hermann, der zweite ist dem Schlusssatz der «Zonenkinder» entnommen. Auch die Sprache ist im Westen angekommen.

Jana Hensels Buch bedurfte eines Vorlaufs, um Resonanz zu erreichen. Vielerorts wurde schon auf den Boom der jungen ostdeutschen Literatur verwiesen, welcher den «Zonenkindern» vorangegangen war. Seit Mitte der neunziger Jahre reüssierten

DDR-Retro-Partys, wurden Bücher wie Thomas Brussigs «Helden wie wir» zu Verkaufsschlagern, später dann Filme wie «Sonnenallee» von Brussig und Regisseur Leander Haußmann. Spätestens mit diesem Film war die DDR Pop geworden, auch für die Generation Golf. Dasselbe gilt in gewissem Sinne für die Berliner Lesebühnenbewegung: Witzige Geschichten aus dem Alltagsleben der späten DDR konnte man da hören, vorgetragen von den jungen Ostautoren Falko Hennig, Jakob Hein oder Jochen Schmidt – auch dies vor einem gemischten Ost-West-Publikum. Es war das Unernste an diesen Geschichten, das auch dem jungen Westler Spaß machte. Bücher wie «Mein erstes T-Shirt» oder «Trabanten» folgten – Integrationsliteratur, die eigene Absonderlichkeiten zur Resonanzverstärkung benutzte, um so in West und Ost anzukommen.

Doch auch hier lohnt ein genauerer Blick: Im Grunde ist das westdeutsche Interesse für den Osten ein altes Phänomen. Der Soziologe Heinz Bude hat 1996 mit Beispielen von Günter Grass bis Günter Gaus auf die DDR «als real existierende Traum- und Trostlandschaft» für bundesrepublikanische Bildungsbürger vor 1989 verwiesen: «Der Osten wird zum geheimen Wunschbild einer kulturellen Heimat, die der Nationalsozialismus zerstört hat.» Bude weiter: «Da waren noch Geschichten möglich, die man sich im großen Konsumverein nicht vorstellen konnte.» Diese Projektionsbeziehung setzte sich im bundesdeutschen Literaturbetrieb, der schon vor 1989 zu Recht großes Interesse an literarischen Erzeugnissen östlicher Provenienz hatte, auch nach dem Ende der DDR vielfach fort. Christa Wolfs Bücher verkauften sich weiterhin gesamtdeutsch blendend. Die ostdeutschen Dichter Volker Braun und Durs Grünbein erhielten den Büchner-Preis. Ingo Schulzes «Simple Storys» wurden zum gesamtdeutschen Bestseller. Doch allmählich wandelte sich das Rezeptionsverhalten, was am Beispiel einiger jüngerer Autoren sichtbar wird: Große Literatur wie das Debüt der 1971 in Ungarn geborenen Ingeborg-Bachmann-Preisträgerin Terézia Mora, ihre unter dem Titel «Seltsame Materie» gesammelten Erzählungen über ländliche Kindheiten, verkaufte sich nurmehr mäßig. Die nachwachsende westdeutsche Generation, nicht zuletzt in den Feuilletonredaktionen und Rundfunkanstalten, hatte Mitte der 1990er Jahre mittlerweile ihre eigene östliche Trostlandschaft auf der Sonnenallee entdeckt. Das waren die popromankompatiblen Formate, die Jungredakteuren die Abgrenzung zur ach so altmodischen Ästhetik der Altvorderen ermöglichten. Der Büchner-Preisträger des letzten Jahres ragt da als ein einsamer Fremdkörper aus dem Literaturbetrieb: Wolfgang Hilbig, 1941 in Meuselwitz bei Leipzig geboren, musste unter solchen Umständen mit seinem großen, verstörenden Roman «Das Provisorium», der Schilderung einer entwurzelten Schriftstellerexistenz zwischen beiden deutschen Staaten während der 1980er Jahre, auf weitgehendes Unverständnis bei den nötigen Multiplikatoren stoßen. Vielleicht war er auch nur zu alt?

In jüngster Zeit mehrten sich ein paar Hoffnungsschimmer, es könnte aus der jungen ostdeutschen Literatur doch noch etwas werden. An erster Stelle wäre da André Kubiczeks Debütroman «Junge Talente» aus dem vergangenen Jahr zu nennen – der gelungenste Versuch, die ostdeutsche Erfahrung einer jüngeren Generation zu beschreiben. Die Resonanz auf das Buch des 1969 geborenen und in Prenzlauer Berg lebenden Autors leidet bisher unter seinem missglückten Titel. Es ist tatsächlich ein «wundervoller kleiner Antibildungsroman», heißt es in der *Zeit*, ohne spaßkulturelles Zwangslachen. Trotzdem geht es bei Kubiczek lustig zu: Der Hauptheld Less hat seine Kindheit in einer Kleinstadt im Harz verbracht, ändert eines Tages sein Outfit und beschließt, 16- oder 17-jährig, Ende der 1980er Jahre, in die legendenumwobene Hauptstadt der DDR zu gehen. Wer wissen möchte, wie es in Ost-Berlin in den letzten Jahren der DDR aussah oder es sich in einer kleinen Provinzstadt lebte, wird hier fündig. Die Atmosphäre aus Stickigkeit, Ausweglosigkeit, Glückseligkeit und gleichgültiger Nischenfreiheit ist bislang nirgendwo so dicht beschrieben worden: «Wenn die allgemeine Vergeblichkeit groß ist, hält sich die persönliche Verzweiflung in Grenzen», so eine der Freundinnen von Less über die Stimmung vor der großen Epochenschwelle, die man erahnt, vor der aber das Buch glücklicherweise endet. Auch in komischen Episoden scheint immer der DDR-typische Lebensernst hindurch, so wenn der Punkerfreund plötzlich die Einberufung zur NVA erhält.

Auch Jana Simon, Reporterin des *Tagesspiegel* und 1972 in Potsdam geboren, ist im autobiographischen Porträt ihres Jugendfreundes genauer als Jana Hensel: «Früher, ein Wort, das diese Generation der in den siebziger Jahren Geborenen zusammenhält – das einzige vielleicht. Sie hatten dieses komische Land noch miterlebt, das später unterging, sie waren sich einig in ihrem Hass dagegen oder in ihrer Gleichgültigkeit», heißt es in «Denn wir sind anders. Die Geschichte des Felix S.» über ostdeutsche Heranwachsende in den 1980er Jahren. Jana Simon hatte Felix später über dem Erwachsenwerden nie ganz aus den Augen verloren. Er war immer anders: ein Farbiger, dessen Großeltern als ANC-Sympathisanten aus Südafrika fliehen mussten, ein schillernder Typ, kickboxender Türsteher vor Ost-Berliner Diskotheken und Bordellen, Hooligan, Bach- und Teeliebhaber, Rommel-Verehrer, dessen bester Kumpel eher zur linken Szene gehört. Am Ende begeht er Selbstmord im Moabiter Gefängnis – für Simon wird es zum Vermächtnis, sein Schicksal vor dem Hintergrund des Epochenbruchs 1989 und des Alltagswandels im Osten zu rekonstruieren. «Schließlich waren sie alle Kinder des Westens, die nur im Osten aufwuchsen, vorübergehend», so ihre Beschreibung einer DDR-Kindheit vor 1989. Man kann nur hoffen, dass diese zarten Pflänzchen durch das heftige «Zonenkindergetrampel» nicht zertreten werden. Vielleicht böte ihnen ein Abflauen der medialen Aufregungen einen Schutzraum; die Nischenexistenzen haben sie ja noch in ihren Genen.

Im Westen tauchen jene wieder auf, die auch jenseits der Sonnenallee «Ostsucht» entwickeln: Der Münchner Schriftsteller Hans Pleschinski hatte unter diesem Titel schon vor zehn Jahren ein schönes Büchlein über seine Jugenderlebnisse als Westdeutscher mit und in der DDR geschrieben. Zwischenzeitlich bezeichnenderweise fast vergessen, wird es in diesem Frühjahr neu aufgelegt: «Ost-Deutschland ist schließlich ein Teil meiner Seele», so der Autor, der in einem kleinen Ort drei Kilometer entfernt von der Grenze zur DDR in der Lüneburger Heide aufwuchs. Ähnliches findet sich im Buch der 1968 geborenen Berliner Journalistin Susanne Leinemann, das im vergangenen Jahr unter dem Titel «Aufgewacht. Mauer weg» erschien. Anhand ihrer eigenen gescheiterten Liebesgeschichte mit dem jungen Ostdeutschen Andreas, den sie 1985 kennen lernt, rekonstruiert sie ihre frühe Osterfahrung. Der westdeutschen Autorin gelingt eine atmosphärisch dichte und genaue Schilderung der späten DDR, ein gesamtdeutscher «Anti-Illies» und ein Buch «gegen den schokoriegelhaften Unernst, die bademantelgeschützte Selbstverliebtheit und die erkünstelte Kindlichkeit der ‹Generation Golf›». Natürlich schimmert auch hier das Traumbild Heinz Budes hindurch: Der Osten wird zur Projektionsfläche für westliche Wünsche und Forderungen. Dennoch beeindrucken diese Annäherungsversuche durch ihre Intensität.

«Die Zeit wäre also reif für eine ‹Ost-Berliner Kindheit um 1980›», diagnostizierte der *FAZ*-Literaturredakteur Richard Kämmerlings in Anlehnung an Walter Benjamins Erinnerungswerk noch vor der Veröffentlichung der «Zonenkinder». Er verwies auf den besonderen Erfahrungsraum Ost, der zu autobiographisch grundierter Literatur prädestiniere. Lenkt der billige Erfolg der «Zonenkinder» diese Ansätze nicht dauerhaft in eine falsche Richtung? Gut sieht es jedenfalls im Moment nicht aus. Jana Hensels Verlag wirft soeben die Lebenserinnerungen der Popmusikredakteurin der *Berliner Zeitung* – Jahrgang 1967, farbig und aus dem Osten – auf den Markt: «Schokoladenkind. Meine Familie und andere Wunder» von Abini Zöllner.

Erinnerung, sprich: Im Januar 1996 war die Geschichte der jungen ostdeutschen Literatur noch offen. In den tristen Tagen nach seinem Tod schien es einen Moment so, als ob der Geschichtsmystiker Heiner Müller zur neuen Ikone einer jungen Generation werden könnte. Auf den viele Tage dauernden Non-Stop-Trauer-Lesungen aus seinem Werk saßen zu Füßen der lesenden Schauspieler im «Berliner Ensemble» viele andächtige, junge, ernste Menschen, Ost und West bunt durcheinander gemischt. Auch Jana Hensel hätte sich dort schön gemacht, in ihren weißen, hohen Lederstiefeln. Vielleicht hätte sie sich von dort aus ernsthaft auf die Suche nach ihrer Geschichte begeben. Es sah zumindest damals so aus, als ob sich einige von dort aus an die fällige Arbeit an der Geschichte machen würden. Der utopische Augenblick verstrich allzu rasch.

In diesem Herbst wird die Epochenscheide 1989 vierzehn Jahre zurückliegen. Vierzehn Jahre waren auch 1959 seit dem letzten Epochenbruch vergangen. Jenes Jahr sollte das wichtigste der deutschen Nachkriegsliteratur werden: Es erschienen «Die Blechtrommel» von Günter Grass und die «Mutmaßungen über Jakob» von Uwe Johnson. Der eine Roman drang tief in die deutsche NS-Geschichte vor 1945 ein, der andere sezierte die deutsche Gegenwart der DDR. Grass war 32 Jahre alt, so alt wie Judith Hermann heute, Johnson 25, ein Jahr jünger als Jana Hensel. Heute, im Jahr 2003, scheint die Auseinandersetzung mit dem, was vor vierzehn Jahren war und noch immer währt, keine vergleichbaren Ergebnisse zu zeitigen. Wir werden uns diesmal wohl noch etwas gedulden müssen.

Wir Zonenkinder

Leserkommentare

Seit dem Herbst 2002 sind Hunderte, fast ausschließlich lobende Leserbriefe bei der Autorin eingegangen. Wenn auch Zustimmung die wirksamere Motivation ist, einen Leserbrief zu verfassen, als Ablehnung, verwundert es doch, wie begeistert das Identifikationsangebot des Textes angenommen wurde. Auch der Erinnerungsfunke sprang auf den Leser über. Das Bedürfnis ist groß, die Erinnerungen mit der Autorin zu teilen und die eigene Geschichte zu erzählen. Neben den persönlichen Leserbriefen steht Angela Merkels am 22. 9. 2002 in der *Frankfurter Allgemeinen Sonntagszeitung* veröffentlichter Kommentar zu den «Zonenkindern». Hier scheint nicht die CDU-Parteivorsitzende Merkel, sondern vielmehr die Leserin und gleichsam ältere Schwester der «Zonenkinder» zu sprechen.

Dass trotz der vielen begeisterten Kommentare der Leser «Zonenkinder» nicht nur bei den professionellen Kritikern kontrovers aufgenommen wurde, zeigen die Auszüge aus den fast hundert Leserrezensionen auf der Website des Online-Buchhändlers Amazon. Anscheinend unvereinbar prallen hier widerspruchslose Zustimmung und verbissene Kritik aufeinander.

Angela Merkel

Unser Selbstbewusstsein

Ich lese dieses Buch aus der Perspektive von jemandem, der fast schon zur älteren Generation gehört, und entdecke dennoch viele Gemeinsamkeiten. Es wird offensichtlich: Zumindest für Kinder wies die DDR ein hohes Maß an Beständigkeit auf, Wandel war nicht ihre Stärke. FRÖSI, Fahnenappelle, Wandzeitungen und Schulmilch waren für die Schüler der sechziger Jahre genauso Gemeingut wie für die der achtziger. Der Unterschied allerdings – in meinem Erwachsenenleben wurde all dies nicht mehr durch Kinder- und Jugendeindrücke des Westens ersetzt, sondern fast vollständig verdrängt und überlagert durch neue Erwachsenenbilder.

Wahrscheinlich kommt in meiner Generation all dies erst wieder im Rentenalter in die Erinnerung. Und dennoch habe auch ich seit der Wende das Lebensgefühl, das Jana Hensel beschreibt: «permanent alte gegen neue Bilder auszutauschen».

Das Buch schafft etwas, was zum Überwinden eines großen Missverständnisses der deutschen Einheit beitragen könnte. Große Teile des Westens, nämlich all jene, die keine Verwandten oder Bekannten in der DDR hatten, haben die DDR als anonymen Unrechtsstaat wahrgenommen, wussten aber vom Leben der einzelnen Menschen nichts. So ist für sie der Prozess der Einigung ein Vorgang, bei dem ein in sich zusammenbrechender Staat einfach verschwindet. Dass es aber eben auch eine Welt als Alltag gab, wird in diesem Buch wunderbar beschrieben, und es wird deutlich, dass eben auch in der DDR das menschliche Leben sehr viel mehr Facetten hatte als das politische.

Spaß macht es, von all den eilfertigen Versuchen der Jungen zu lesen, nicht mehr als Ostdeutsche aufzufallen. Bestechend beschrieben ist der neidische Blick auf die Jüngeren, Acht- bis Zehnjährigen, die es schon mühelos schaffen, in ihrer Kindheit wie richtige Westler auszusehen. Ich verstehe den Versuch, für diese Generation die Jugend erst mit 22 beginnen zu lassen. Aber was sollen die tun, die 1990 schon 35 oder 40 waren?

Mit angehaltenem Atem habe ich die Beschreibung der Tischmonologe der Eltern gelesen und halte die Regeln, die sich die Zonenkinder auferlegten, für absolut praktikabel: Nichts sagen, Mund halten, alles andere führt zu Chaos. Ähnliches erlebe ich häufig bei Abendessen, bei denen West- und Ostdeutsche versuchen, sich ihre Lebensempfindungen näher zu bringen.

Die Tatsache, dass die Zonenkinder im besten Alter im Westen angekommen sind, ermöglicht es dieser Generation, unbefangen über den Osten zu schreiben, ohne gleich in den Generalverdacht der Glorifizierung zu verfallen. Sonst dürfte man sich nicht trauen, von dem Versuch zu schreiben, Fahnenappelle mit Gottesdiensten, Altpapiersammlungen mit Alufolienfaltungen, Pionierrepublikbesuche mit Aupairmädchenzeiten zu vergleichen. Das darf man nur, wenn man im Westen angekommen ist.

Lohnend für alle Leser ist der Teil, in dem über verloren gegangene Autoritäten berichtet wird: unangemessener Druck der Lehrer – Verweigerung der Schüler – Bewunderung dieser Haltung durch die Lehrer. Aus dieser Abfolge entwickelte sich falsche Toleranz der Erwachsenen, was, wie Jana Hensel treffend beschreibt, der Jugend dann vollends den Kopf verdrehte. Es gehört in der Tat zu den schwierigsten Prozessen des Lebens, die Maßstäbe der Freiheit herauszufinden. Nur ist es dann vielleicht auch ein etwas überhöhtes Selbstbewusstsein, wenn diese Generation der Zonenkinder glaubt, als Einzige die Nerven behalten und keine Angst vor dem Neuen zu haben. Aber lassen wir ihnen ihren Glauben.

Es macht trotzdem großen Spaß, das Buch zu lesen, und es ist mit Sicherheit ein Beitrag für ein gewachsenes Selbstbewusstsein aller, die aus der früheren DDR kommen.

Sandra Yemesin

Eine Wärmflasche für meine Erinnerungen

Liebe Jana Hensel!

Ich schreibe Ihnen, um Ihnen zu danken. Ich möchte Ihnen danken für all die schönen Erinnerungen, Erinnerungen von denen ich glaubte, sie vergessen zu haben.

Auch ich bin ein Zonenkind, und ich bin mächtig stolz drauf!

Mein Name ist Sandra Yemisen, geb. Thiem. Geboren wurde ich Dezember 1975 in Magdeburg, und dort verbrachte ich auch meine Kindheit und einen Teil meiner Jugend, bis alles kam, wie es kam. Ich lebe seit 12 Jahren am Niederrhein, in Kevelaer, ca. 40 km nördlich von Krefeld, kurz vor Holland und gut 600 km von meiner Kindheit entfernt.

Seit sieben Jahren bin ich Buchhändlerin und entdeckte vor einigen Wochen Ihr Buch auf einer Bestsellerliste. «Zonenkinder», das wirkte auf mich natürlich elektrisierend, und ich bestellte es mir. Und was soll ich sagen, es zu lesen war wie eine Wärmflasche für meine Erinnerungen, denn plötzlich konnte ich mich an so vieles erinnern. Ich hab mich kaum eingekriegt, ständig «Ja, ja, genau!» gerufen. Mein Mann war sehr verwirrt, nicht weil er Wessi ist und meine Ossianfälle nicht verstehen kann, sondern weil er Türke ist und bis vor einem Jahr in der Türkei lebte, der ist da völlig unbedarft. So Anfälle bekomme ich auch immer, wenn die Verlagsvertreter vor mir stehen und ich die CD von «Alfons Zitterbacke» in ihren Prospekten sehe. Was habe ich diese Platte geliebt! Vor allem das Kapitel im Schwimmbad oder wo er für Mutti Anchovis kaufen sollte. (Ich könnte beschwören, bei uns im Osten niemals auch nur irgendwo Anchovispaste gesehen zu haben, gab es wahrscheinlich nur in Berlin!)

Wie bin ich eigentlich hierher gekommen, so weit weg von zu Hause?

Als die Mauer fiel, war ich 13, und ich schwöre, uns ging es gut, auch ohne Bananen. Ich freute mich auf die Jugendweihe und mein heiß ersehntes FDJ-Hemd. Meine Mutter war Berufsschulsekretärin und Ausbilderin, mein Vater war irgendwie zuständig für die Heizungssysteme der Schulen in Magdeburg. Weder mein Vater noch meine Mutter waren in der Partei, das glaubt mir auch keiner. (Ich war mal auf Klassenfahrt in Berlin, als wir schon hier wohnten. In der ehemaligen Stasi-Zentrale bin ich vor der ganzen Klasse in Tränen ausgebrochen, weil der «Museumsführer» darauf bestand, dass jeder Zweite bei der Stasi war und jeder, wirklich jeder in der Partei.) Meine Eltern haben zu der Zeit beide nebenbei studiert, ich war Schlüsselkind durch und durch!

Mein Vater stand kurz vor dem Abschluss, Mama war gerade ein Jahr dabei, als die Mauer fiel. Alle weinten und tranken Sekt, dann kam der Kater, denn es hieß nun: «Nix ist mehr so, wie es mal war!»

Mein Vater sollte plötzlich noch ein oder zwei Jahre Studium dranhängen, sonst hätte er keine Chance auf eine Anerkennung des Studiums. Meiner Mutter, die in Potsdam, glaub ich, studierte, wurde ganz konkret gesagt, man wüsste nicht, was man ihnen jetzt noch beibringen sollte, Marxismus-Leninismus steht nicht mehr auf dem Stundenplan.

Ein halbes Jahr nach Mauerfall sah es plötzlich auch sehr schlecht aus mit der Arbeit, und so beschloss meine Mutter, für uns drei ein neues Leben zu wagen, im Westen. So wurden wir Republikflüchtige! [...]

Ich war seit drei Monaten 14, machte den Tanzkurs für die Jugendweihe mit und hatte auch schon mein FDJ-Hemd, als wir umzogen. Erst fand ich es toll, und ich glaube, meine Freundinnen waren etwas neidisch. Doch das änderte sich bald. Sie müssen wissen, die Niederrheiner haben das alles etwas zeitverzögert realisiert, das ist hier so weit entfernt vom Osten. So kam es, dass ich der erste Ossi an einem niederrheinischen Gymnasium wurde. Jeder wusste es, und das Schlimmste war, man sah es auch! Es war die Zeit von Levis mit Karottenschnitt und eintönigen Benettonpullovern! Mein Bedürfnis, nicht aufzufallen, war enorm groß, ich wollte haargenau so aussehen, gehen und sprechen wie alle hier und fiel doch immer wieder auf. An meinem zweiten Schultag begrüßte ich meine Klassenkameraden damit, ihnen die Hand zu geben, oder besser gesagt, ich versuchte es. Ich wurde eiskalt abserviert. So was machte man hier nicht, man sagte höchstens «Hey!».

Ja, die ersten ein, zwei Jahre waren furchtbar. Mein Vater bekam hier sofort Arbeit, war aber von Anfang an immer vier Wochen auf Montage, wir sahen ihn also an zwei Tagen im Monat. Meine Mutter und ich haben nur geheult, meine ersten Zeugnisse hier bestanden nur aus Fünfen, in der DDR war ich immer eine der Besten und Beliebtesten. Hier wurde ich immer dicker, weil ich alles fraß, was ich vorher nur aus der Werbung kannte. Ich trug 'ne dicke rosafarbene Brille und die billigsten Klamotten vom Groß-Discount. Meine Mutter dachte natürlich nicht im Traum daran, mir 'ne Levis zu kaufen. Früher musste sie zu dem Preis kaufen, den es nun mal kostete, jetzt kann sie wählen zwischen billig und teuer, das ist doch toll, das war ihre Meinung. Wenn ich damals von der Schule kam, sperrte ich mich in mein Zimmer, ließ die Jalousien runter, legte furchtbar deprimierende Musik auf und heulte stundenlang. [...] So ging das gute zwei Jahre. Ich lernte mit der Zeit auch Freundinnen kennen, obwohl ich aus Angst vor den Jugendlichen hier immer nach dem Unterricht ganz schnell nach Hause fuhr und immer, um mich dort ins Zimmer einzuschließen.

Heute bin ich sehr stolz darauf ein Zonenkind zu sein! Allerdings habe ich natürlich auch mit der Zeit gelernt, stolz auf mich zu sein und auf das, was ich bin, wie ich mich entwickelt habe. Es ist immer eine Freude, zu sehen, wenn mich frühere Klassenkameraden wieder erkennen, vor allem die männlichen sind sehr erstaunt. Ich bin 1,80 m groß, attraktiv und klug, und wenn ich noch etwas mutiger wäre, würde ich diesen Typen am liebsten vor die Füße spucken, denn als wir alle jünger waren, hatten sie nur Verachtung für mich über. Wenn ich heute auch nur die Straße zu meinem früheren Gymnasium sehe, wird mir ganz übel, diese Zeit habe ich bis heute nicht richtig verpackt.

Meine Mutter hatte Sie im Fernsehen gesehen, im «Mittagsmagazin», und war total begeistert von Ihnen. Es ärgerte sie nur, dass die Moderatorin so beschränkte Fragen stellte, nach dem Motto «Ja, was soll das denn jetzt sein, eine Anklage oder was?». Sie (die Wessis) werden es niemals verstehen!

Jetzt ist meine Danksagung doch wesentlich länger ausgefallen, als ich es vorhatte, doch Papier ist ja geduldig, und ich freue mich einfach, dass es Autoren wie Sie gibt. Durch meine Arbeit sehe ich jeden Tag, was für Müll verlegt wird, der das Papier nicht wert ist, auf dem er geschrieben steht.

Also, vielen Dank für dieses Buch!
Mit «immer bereit»en Grüßen,
Sandra Yemesin

Nils Schmidt
War das wirklich so?

Liebe Jana Hensel,

am letzten Tag meiner Jugend, ich war fast 20 Jahre alt, verließ ich gegen Mittag die Mietwohnung meiner Familie in Leipzig-Probstheida. Es war ein verregneter Tag, grau in grau, die Autos schwammen durch den Fluss des Berufsverkehrs. Mein Onkel erwartete mich vor dem Haus mit dem, mit Möbeln und Gerümpel, bis unters Dach voll geladenen VW-Vito-Kleinbus. Ich trug meine Jack-Wolfskin-Thermo-Jacke, darunter ein altes Karohemd meines Opas und Blue Jeans, meine Mutter hatte mir Bananen, Schnitten und Vita-Cola in ein kleines Bastkörbchen gepackt, und niemand hatte mir so richtig sagen können, was sich ab heute ändern sollte. «Bleib doch in Leipzig, du kannst auch hier studieren», waren die Abschiedsworte meiner Mutter. Dann rollte der rote VW auf die Prager Straße, über die gefährlichste Kreuzung Leipzigs, direkt neben dem alten Straßenbahnhof, dessen Pflastersteine gerade herausgerissen wurden, hinein in die Probstheidaer Straße. Vorbei am Bruno-Plache-Stadion, hier bei Lokomotive Leipzig hatte ich die Kunst des Torwartseins von Rene Müller gelernt. Weiter am Südfriedhof entlang, auf der anderen Seite das Naherholungsgebiet des Wohngebietes meiner Kindheit in der Zone. Lößnig, mit seiner Mixtur aus renovierten und vor sich hin gammelnden Plattenbauten, zog vorbei. Mein alter Block in der Bernhard-Kellermann-Straße, in ihm versteckt die Wohnung 4/411, verschwand aus dem Augenwinkel. Ich biss mir auf die Lippe. Dann ging es nach Markkleeberg. Richtung der neuen Rippachtal-Autobahn-Leipzig-Super-Schnell-Umfahrung, und mein Onkel trat aufs Gas. Ich war ausgezogen. Der Regen fiel ruhig und gleichmäßig vor sich dahin.

Jetzt, knapp ein halbes Jahr später, weile ich im thüringischen Ilmenau, wohne in einem für Studenten umgebauten FDGB-Ferienheim, studiere an der hiesigen TU Angewandte Medienwissenschaft im 1. Semester, und mein RFT-Schallplattenspieler steht auf einem DVD-Player. In der Mensa gibt es übrigens das Original-Jägerschnitzel, das du im Buch vermisst. Ungelogen. Meine Kommilitonen kommen fast gleichermaßen aus Ost und West (was Unterschiede und Gemeinsamkeiten nur noch deutlicher ans Licht bringt), und ich habe gerade in der Informatik-Vorlesung dein Buch zu Ende gelesen. [...]

Schon während der Lektüre deines Buches und besonders nach dem Abschluss dieser machten sich bei mir sehr seltsame Empfindungen bemerkbar. Ich schwankte zwischen fast sentimentaler Überraschung aufgrund der großen Schnittmenge der dargestellten Erlebnisse mit meinen eigenen und der ambivalenten Frage «War das wirklich so?». Ich habe einem Kommilitonen aus Stuttgart einige Stellen (Altpapiersammeleien für Taschengeld, Hauptbahnhof Leipzig, Elternbeziehung ...) vorgelesen, und seine Fragen drückten eine ähnliche Neugier und Überraschung aus, die mich wiederum überraschte. Bis heute habe ich eines festgestellt: Ich glaube wie du, dass wir nie Teil einer (Jugend-)Bewegung sein werden, da sich um uns alles so schnell verändert(e), sodass wir (ich empfinde das lyrische «Wir» übrigens als sehr angenehm, da es zum Diskutieren anregt) diesen Prozess nicht noch weiter beschleunigen wollen. Jedoch glaube ich, belegt durch den Medienrummel um dein Buch und meine «Partygesprächserfahrung», schon, dass Interesse an unserer Generation besteht. Wie tief dieses dann geht, ist wie immer eine andere Frage.

Die besten Stellen hatte «Zonenkinder» für mich da, wo Details und Erlebtes aus dem Vorwendealltag in Kontrast zu der westlichen Kultur treten oder die harschen Veränderungen in Ostdeutschland beschrieben werden. So zum Beispiel des Konsumtempels Leipziger Hauptbahnhof und der Wechsel im Stadtbild von Altbau-Neubau-Kontrast hin zu Büro-und-Mall-Towns. Ich hoffe nur, dass die Altbausubstanz der ostdeutschen Städte nicht irgendwann völlig verschwindet, dann hätten sie wahrlich ihr Gesicht verloren. Bei der Weihnachtsbeschreibung triffst du absolut ins Schwarze. Da denken viele Freunde von mir ähnlich, doch ich verstehe auch meine Eltern und Großeltern, die es lieben, einen mit den kleinen Freuden des Konsums zu überhäufen. Insgesamt fand ich die Schilderung der Beziehung unserer Generation zu ihren Eltern (und deren schwierige Situation) wiederum sehr authentisch und nah an den vielen unausgesprochenen Gedanken, die mich umgeben. Zum Beispiel, wie schwer es ihnen fallen muss, Jahr um Jahr keine Arbeit zu finden und von Fortbildung zu Fortbildung weiter auf der Stelle zu treten. Und dann fühlen sie sich natürlich auch von ihren Kindern vernachlässigt, wenn sie wieder nicht vom Studium zu Besuch kommen und wenn, dann nur wenig erzählen.

Diskussionsanregend empfand ich deine Darstellung unseres Anpassungsprozesses. Manchmal vermisse ich im Gegenwartsleben ein gewisses Gemeinschaftsgefühl. Ein Mittelding aus FDJ und dem westdeutschen Cliquentum wäre manchmal nicht schlecht, aber so läuft jeder Hamster in seinem eigenen Laufrad. Der Wahnsinn sind die unterschiedlichen Dialekte und Zungenschläge Deutschlands, von Nord nach Süd und Ost nach West und dann noch die ganzen Fremdsprachen. Mittlerweile bin ich so weit, dass ich mir meinen leicht sächsischen Dialekt gar nicht mehr abgewöhnen möchte, mir aber trotzdem die neue CD von Offspring oder den Sportfreunden Stiller kaufe.

Die oft kritisierte persönliche Stilebene deines Buchs macht es für mich gerade erst authentisch. «Wir waren auf Wäscheplätzen, in Hinterhöfen, unter Kastanienbäumen und Pergolas oder auf Rollschuhbahnen zu Hause gewesen.» Ich weiß sehr gut, wo es dieses alles gab. Lößnig. Mittlerweile, wenn ich dorthin komme, wirken diese Orte nur noch wie eine Staffage für ein Gemälde aus vergangenen Zeiten.

Einige Sätze deiner Schrift empfinde ich allerdings ähnlich schmerzhaft wie einen Hammerschlag auf den eigenen Finger. So z. B.: «Besuchen wir unsere Eltern, haben wir immer ein bisschen das Gefühl, wir holten sie aus einem Altersheim ab ...», «Die Wende hatte uns alle zu Aufstiegskindern gemacht [...].» Ich weiß von einigen ehemaligen Mitschülern und Mannschaftskollegen beim Fußball, dass sie vor kurzem ihre Lehrstelle verloren haben, ihr Geld für Wetten oder Rauschmittel draufgeht etc. pp. Da sind manche Absolutheiten schon der Hammer. Aber das ist wohl ein generelles Problem bei Generationsbeschreibungen.

Gefehlt im Buch haben mir weitere Fotos, und weniger spannend fand ich die Berlin-Episoden. (Ich bin schließlich Leipziger.) Wahrhaft nicht sehr gelungen fand ich die graphische Gestaltung des Buchmantels (sagt gar nichts aus), aber das sollte wohl eher den Rowohlt Verlag interessieren. [...]

Am Ende bleibt für mich die Erkenntnis, dass die Zeit von 1982 bis 1990, obwohl sich langsam ein grauer Schleier darüber hinwegzuziehen beginnt, ganz wesentlich (auch durch die Retrospektive) zu meiner Charakterbildung beigetragen hat und mir jetzt noch hilft, mich selbst zu finden. Irgendwie bin ich froh, dass ich diesen Abschnitt noch mitbekommen habe und nicht ein paar Jahre später geboren wurde. Es fühlt sich gut an, zu wissen oder zumindest zu ahnen, wo die eigenen Wurzeln liegen und dass nicht alles immer so identitätslos war wie heute. Daran hat dein Buch einen großen Anteil.

Bis die Tage,
Nils Schmidt
Ilmenau-Manebach, den 16. Januar 2003

Christin Nitsche
Solide DDR-Ausbildung

Hallo Jana,

ich habe gerade dein Buch «Zonenkinder» gelesen und muss dir einfach dazu schreiben.

Mein Name ist Christin Nitsche, ich bin 1975 in Erfurt geboren, dort aufgewachsen und lebe mittlerweile in Stuttgart. Wie du siehst, sind wir also gleichaltrig und zur selben Zeit und im selben Land Kind gewesen.

Dein Buch hat mich sehr berührt. Ich hatte am Anfang das Gefühl, dass jemand ganz in mich hineingeschaut hat, als ich es las. Ich habe nie gedacht, dass jemand unsere verlorene Vergangenheit derart exakt beschreiben kann und unseren Umgang mit ihr in der heutigen Zeit ebenso empfindet wie ich. Das Buch war insofern notwendig, und es ist nichts darüber hinaus zu sagen. Ich hoffe nur, dass die anderen, die es lesen, dann ein für alle Mal auch uns verstehen, ohne dass ich alle nasenlang etwas über meine Herkunft erläutern muss. Es ist einfach so, wie beschrieben. Fertig.

Das Buch haben mir meine Eltern zu Weihnachten geschenkt. Meine Mutter hat es auch gelesen und wollte, dass ich an jeder Stelle, an der ich schmunzeln oder zustimmen musste, ihr genau sage, worum es gerade geht. Ich fand das erst merkwürdig, aber es zeigt mir, dass sie mit mir teilhaben möchte und dass es sie interessiert, was ich darüber denke.

In deinem Buch empfinde ich es daher als nicht ganz zutreffend, dass unsere Eltern ein bisschen hinter dem Mond leben sollen. Aber wahrscheinlich habe ich mit meinen auch einfach nur etwas «Glück» gehabt, denn Gott sei Dank interessieren Sie sich für alles Neue, was uns umgibt und wollen immer auf dem

Laufenden sein, was in meiner Welt hier im «Westen» passiert. Das ist ein glücklicher Umstand insofern, als dass sie sich nicht ganz vergessen haben.

Aber ihre Probleme im Umgang mit der Vergangenheit haben sie natürlich auch. So richtig hinter sich lassen können sie die DDR noch viel weniger als wir, aber das ist, scheint mir, ganz natürlich, und es wird noch einige Jahre dauern, vielleicht sogar ihr Leben lang, bis sie sich wieder im «Gleichgewicht» befinden.

Die neue Welle der Ostalgie (was für ein furchtbares Wort) schwappt ja gerade durch unser Land. War «Sonnenallee» ein noch ganz nett anzusehender Film, überlege ich mir ernsthaft, ob ich mir «Good Bye Lenin» überhaupt ansehen soll. Abgesehen davon wissen die meisten doch eh nicht, wer Lenin überhaupt war.

Und da hat er mich wieder eingeholt, der Vorsprung, den ich manchmal zu haben meine, weil ich doch über eine zusätzliche Qualifikation verfüge, die man heute nicht mehr erlangen kann: ein solide, halbzeitige DDR-Ausbildung. Ganz schön viel dazugelernt haben wir seitdem. Nicht nur Fachwissen haben wir aufgeholt, uns erzählen lassen, wo es angeblich langgeht, das am Anfang geglaubt und dann wieder dazugelernt, dass man unterscheiden muss. Immer die Besten mussten wir sein, weil die Erwartungen des Elternhauses, das die eigene Zukunft in Frage sah, all seine Wünsche und Hoffnungen auf uns projiziert hat.

Und da stehen wir nun, am Anfang der 30-Jahre-Grenze, blicken völlig abgeklärt zurück, fast schon überheblich und sind im Herzen aber immer noch unsicher und verletzt, wenn man uns fragt, woher wir denn kommen und wie unser Weg war. Und unsicher, wenn wir «geprüft» werden mit den Argusaugen derer, die keine Vorstellung davon haben, wie es ist, die eigene Vergangenheit am liebsten leugnen zu wollen und dann aus Trotz gegen uns selbst doch nicht zu leugnen. Dafür aber sind wir geübt darin, die Vergangenheit zu verschönen, zu verschleiern, dann wieder schlecht zu reden, ganz nach Bedarf desjenigen, der da fragt.

In der letzten Zeit schaffe ich es aber, selbstbewusst zu antworten und mich so zu fühlen wie Freunde, die eben von ihrer Kindheit aus Kiel berichten. Und das wird so bleiben und ist auch gut so!

Jedenfalls vielen Dank für das Buch. Und vielen Dank dafür, dass du die richtigen Worte gefunden hast. Und dass es ein «Wir» war, in dem auch ich mich wiedergefunden habe.

Ganz liebe Grüße,
Christin Nitsche
Stuttgart, den 3. März 2003

Melancholie und Strudel
Aus der Amazon-Debatte

Danke für dieses Buch!

Ich bin selbst ein «Zonenkind» und Jahrgang 1974. Vorhin habe ich mit dem Lesen von «Zonenkinder» angefangen, und ich bin zutiefst dankbar für diesen Roman!!! Bis vor kurzem habe ich auch noch alle meine Erinnerungen an meine Jugend irgendwo in meinem Kopf vergraben, denn wer will schon wissen, wie es in der DDR war. Aber ehrlich gesagt bin ich es leid, meine Vergangenheit zu verleugnen, und dieser Roman spricht mir einfach aus der Seele. Denn als «Ossi» im Westen hat man einfach eine andere Kindheit gehabt und kann nicht über dieselben Dinge reden. Ich werde dieses Buch an Unmengen von Leuten verschenken, denn nichts kann uns besser unsere Erinnerungen zurückgeben! Danke an die Autorin!!!

24. September 2002, Leserin/Leser aus Nordrhein-Westfalen

Ehrlich enttäuscht

[...] Vielleicht habe ich grundsätzlich in den letzten Jahren was falsch gemacht, seitdem ich in den «Westen» gezogen bin, aber ehrlich gesagt kann ich mich mit all dem, wie unsere Generation aus dem Osten sich verändert haben soll, nicht identifizieren. Ich hätte erwartet, dass in dem Buch mehr über den damaligen Alltag stehen würde. Quasi Kindheitserinnerungen. Stattdessen muss ich lesen, wie wir uns angepasst haben, dass wir uns für unsere Eltern «schämen» müssten usw. Es ist eigentlich schade, was jeder «Westdeutsche» nach dem Lesen des Buches über unsere Generation denken muss. Dabei sind viele interessiert an dem, wie es «vorher» war [...]

18. Oktober 2002, Leserin/Leser aus Baden-Württemberg

Unbewertete Lebensgeschichte

Die Autorin Jana Hensel hat mit ihrem Buch «Zonenkinder» etwas erreicht, was bisher kein Autor zuvor vermocht hat. Eine Lebensgeschichte, völlig frei von Wertungen, über den kindlichen Alltag der DDR in ihren letzten Jahren zu schreiben. Für jemanden, der wie ich damals im Alter von 10 Jahren war, als die Mauer fiel, ist es die detailgetreue Erzählung der eigenen erlebten Geschichte. Jana Hensel zeigt die vielen, immer noch vorhandenen Unsicherheiten im Umgang mit der eigenen Geschichte auf, die durchaus auch heute noch immer wieder zu Problemen und Integrationsstörungen unserer Generation führen. Immer wieder mahnen Intellektuelle, die Geschichte nicht zu vergessen. Doch dass dies nach dem Fall der Mauer in rasantem Tempo geschehen ist, macht die Autorin in diesem Buch sehr deutlich. Es ist auch die gänzlich andere Sicht auf die Dinge, die einst waren, und die Dinge, die noch kommen mögen, welche dieses Buch interessant machen. Nicht nur für die Generation, die diese Geschichte als Kind miterlebt hat, sondern auch für die ältere Generation. Das Buch hat einen Platz geschaffen für die verlorene Identität unserer Generation und trägt gleichwohl zur inneren Wiedervereinigung bei, indem es die erlebte Geschichte erzählt, jedoch von keiner Seite aus bewertet. Es ist mit Sicherheit das erste und eventuell auch das letzte Buch, was frei von Vorurteilen, aber keinesfalls frei von Gefühlen geschrieben wurde. Ich kann dieses Buch besonders denjenigen empfehlen, die vielleicht immer noch auf der Suche nach ihrer eigenen Identität sind und sich durch die «Aufarbeitung» ihrer eigenen Geschichte wieder freier und ungezwungener in der jetzigen Gesellschaft integrieren wollen, ohne ein aufgezwungenes Gefühl dabei zu haben. Geschichte ist niemals schlecht. Sie wird nur von denen schlecht gemacht, die nichts von ihr verstehen.

13. Dezember 2002, Uwbauer aus Magdeburg

Ausflug in die Vergangenheit

Ich habe das Buch in eineinhalb Tagen gelesen und hatte an sehr vielen Stellen das Gefühl, mit dem Kauf dieses Buches meine Erinnerungen schriftlich fixiert in den Händen zu halten.

Ein bisschen gestört hat mich, dass Jana Hensel stets in der Wir-Form spricht. Es waren viele Erinnerungen und Ansichten, die ich so teilen kann – jedoch nicht alle. Die Ansichten im Kapitel «Unsere Eltern» kann ich so überhaupt nicht teilen. Dieses gleichmachende «Wir» und «Unser» hat mich hier sehr gestört. Ich habe während des Lesens oft das Gefühl gehabt, Jana Hensel zu kennen, und hätte manchmal gern zum Telefon gegriffen, um mit ihr das Erlebte zu diskutieren ... Insgesamt ein sehr lesenswertes Buch.

26. Dezember 2002, gasterstedt aus Halle

Generation Trabbi ???

[...] So sehnsüchtig man auch in die Vergangenheit schaut, sollten nicht vielmehr die Probleme der letzten DDR-Kinder in der Neuzeit aufgearbeitet werden? Doch davon fand ich nichts im Buch wieder.

Orientierungslos, nicht zu Ende gedacht, für Nicht-Zonenkinder verklärend und abschreckend – leider. Der Stoff, den das Leben schrieb, gibt doch noch so viel mehr her.

Ich habe mich sehr auf das Buch gefreut, aber Vorfreude ist wohl doch die schönste Freude.

3. Januar 2003, sabinefuhrmann aus Leipzig

Die Suche nach uns selbst

Dieses Buch spricht meiner Generation wirklich aus dem Herzen, denke ich. Es beschreibt Erinnerungen, die sehr persönlich sind und nicht immer mit den eigenen übereinstimmen, ohne dabei wirklich zu verallgemeinern. Ich bin selbst in Leipzig geboren, etwas später, 1979, und habe begonnen, zu versuchen unsere eigene (ost-)deutsche Identität zu verstehen. Und dabei gibt es viele Konflikte, die noch nicht verarbeitet, oft noch nicht einmal in Worte gefasst sind. Jana Hensel gibt dieser Suche nach unserer eigenen Identität eine erste Plattform, fasst Gedanken in Worte, welche viele junge Menschen im Osten noch nicht einmal bewusst gedacht haben. Viele verstehen sich selbst als Deutsche, machen keine Unterschiede zwischen Ost und West, und doch wird in vielen Gesprächen oft so deutlich, wie anders wir doch sind durch unsere Kindheit im anderen Teil Deutschlands. Oft werden wir missverstanden, wenn wir über das Anderssein immer wieder reden und diskutieren. Wir wollen die DDR weder verteidigen noch über Ost und West streiten. Wir wollen einfach unsere Kindheit nicht verstecken müssen, nur weil die Geschichte uns später gelehrt hat, dass der Staat, in dem sie stattfand, an sich nicht gut war. Wir wollen einfach nur zu uns selbst finden und verstehen, wer wir sind. Und ich glaube, dieses Buch ist nur der Anfang der Suche.

18. Januar 2003, mandy2408 aus London, Großbritannien

Die vergessenen Jungpioniere oder die gestohlene Heimat

Dieses Buch ist das beste, was ich seit langem gelesen habe, und überhaupt ist es wohl das traurigste Buch, welches ich je gelesen habe, Jana hat an so viele Dinge erinnert, die man schon fast vergessen hatte. Doch sobald man an sie erinnert, fallen einem dazu unendlich viele eigene Erlebnisse ein, mag sein, dass die «Wende» nun schon ewig her ist, aber noch immer schaue ich mir jeden DDR-Polizeiruf im TV an, jedes DEFA-Märchen und jede DDR-Serie. Und jeder Gegenstand aus der DDR ruft eine Melancholie und überschwengliche Wiedersehensfreude in mir hervor, denn ich hänge an dieser Erinnerung namens DDR. Man kann es vergleichen mit Heimweh, aber sie ist auf ewig entschwunden unsere DDR, und Jana hat mir mit ihrem Buch etwas zurückgegeben und etwas für uns, die vergessenen Jungpio-

niere, bewahrt, was wir eines Tages weitergeben werden an unsere Kinder [...]

14. Juni 2003, romy aus Nürnberg

Das Problem genau erfasst

[...] Natürlich war die DDR eine Diktatur mit Menschenrechts-
verletzungen, doch wir wussten nichts von Stasi, Stacheldraht
und Mauertoten. Wir waren durch die «Gnade der späten Geburt» davor gefeit, dass dies in unser Bewusstsein kommt oder
dass wir gar daran aktiv teilnehmen. Trotzdem ist ein Teil unserer Identität in diesem untergegangenen Staat zu finden, und
ebenso hat meine Generation, die in der Mitte der Siebziger
Geborenen, ein besonderes Problem: Wir sitzen irgendwie zwischen den Stühlen. Schon allein wenn unsere Eltern oder gar
ältere Geschwister vom VEB, dem Kombinat, der Messe oder
dem Palast der Republik einfach nur berichten, erzählen sie von
ihrer Welt. Unsere ist eine andere. Wenn wir aber andererseits
schon mit fünf, sechs Jahre jüngeren Leuten reden, die fast keine
Erinnerung an die DDR haben, merken wir auch, dass sie zu
einer anderen Zeit gehören. [...]

29. Juni 2003, Leserin/Leser aus Auckland, Neuseeland;
früher Sömmerda

Jammer...lich

Als ich das Buch das erste Mal in der Hand hielt, da dachte ich:
Super! Da ich genau der Generation angehöre, um die es in diesem Buch geht, war ich umso mehr enttäuscht, als ich es dann
gelesen hatte! Der Anfang war ganz lustig und lud dazu ein, sich
an alte Zeiten zu erinnern. Aber in der Mitte verfällt die Autorin
in ein Gejammer darüber, dass es die meisten Dinge ihrer Kindheit nicht mehr gibt und dass man ja den «Wessi-Kindern» immer zwei Schritte hinterher ist und sich beim Versuch, diese
zwei Schritte aufzuholen, immer überschlägt. [...]

Mein Eindruck war, dass sich die Autorin zu sehr auf ihre eigenen Erfahrungen verlassen hat und zu wenig mit «Ossikindern» ihrer Generation gesprochen hat. Sie hätte das Buch statt in der «Wir-Form» in der «Ich-Form» schreiben sollen. Dieses Buch war ein Strudel aus Selbstmitleid und Jammerei!

21. Juli 2003, Anja Schadock aus Greenville, USA

Thema verfehlt

Anfangs ist man ja noch amüsiert über die rasante Aufzählung von so viel Vergessengeglaubtem! Aber in dieser geballten Ladung wirkt das alles dann sehr unwahrhaftig, so, als hätten wir Tag und Nacht an die Erfüllung unseres Altstoffsammelplanes gedacht! Das glauben bloß Klein-Fritzchen und Lieschen Müller aus Altbundi-Land, und für die ist das Buch offensichtlich auch geschrieben, damit die sich so richtig gruseln können: Huuh, Jungpioniere und Neubauküchen ohne Fenster! [...]

Der Wettlauf um die Gunst der ach so gut angezogenen Weststudenten ist einfach nur peinlich. So gesehen beginnt einem die ständige Vereinnahmung durch das «Wir» mächtig auf die Nerven zu gehen. Das Glossar sollte den unaufgeklärten Westleser bei der Orientierung helfen und ist doch nur ein Wust von Oberflächlichkeit, unangebrachter Meinungsäußerung und schlechter Recherche. [...] Hier mischen sich bruchstückhafte Erinnerung der Autorin mit dem Wunschdenken des West-Lektors.

31. August 2003, Rezensentin/Rezensent aus Leipzig

Die Normalität des Ausnahmezustands

Ein Gespräch mit Jana Hensel

Tom Kraushaar: Frau Hensel, «Zonenkinder» war eines der meist-
diskutierten und erfolgreichsten Debüts der letzten zwei Jahre. Wie
erklären Sie sich den Erfolg Ihres Buches?

Jana Hensel: Einen Erfolg zu erklären ist die schwierigste
Sache überhaupt. Schon bei den Lesungen bin ich immer
wieder gefragt worden, wie ich mir den Erfolg von «Good
Bye, Lenin!» erkläre. Auch dafür gibt es keine eindeutige
Erklärung. Es scheint ein Problem zu geben, dass, sobald
man über Erfolg spricht, versucht wird, posthum eine
Legitimation im Text zu finden. Ich glaube, in der Regel
geht das schief. Dennoch: Das Buch sollte einen Nerv
treffen, schließlich gab es eines dieser Art noch nicht. In
der Nachfolge von «Generation Golf» wurde im Feuilleton
unglaublich viel über die Probleme und Nöte, Zwänge
und Prägungen dieser Generation geschrieben, dabei fiel
niemandem auf, dass da das halbe Land nicht vorkam.
Und in diese Lücke hinein habe ich mein Buch geschrieben.

Ich habe mir natürlich Gedanken gemacht, wie so ein
Buch aussehen muss. Vor allem über den Titel habe ich

lange nachgedacht. Es heißt natürlich ganz bewusst «Zonenkinder» und nicht «Wendekinder» oder «Revolutionskinder» oder irgendetwas politisch Korrekteres. Es ging mir darum, Erinnerung ideologisch zu entschlacken. Ich wollte von der DDR nicht wie von einem politischen System erzählen. Ich wollte sie als einen Herkunftsraum beschreiben. Ich glaube, das war wirklich neu. So etwas hat es abgesehen von «Sonnenallee» nicht gegeben, und der funktionierte nicht als identifikatorischer Film. Man musste ein Identifikationsangebot machen.

TK: Ein wichtiger Motor für den Bucherfolg war die sehr kontrovers geführte Diskussion um die «Zonenkinder». Was steckt in dem Buch oder eben in der Leserschaft, dass es zu einer so ausgedehnten Debatte kam?

JH: Was mich im Nachhinein noch immer überrascht, ist die enorm starke Reaktion der Medien gleich von Beginn an. Das Buch war noch nicht drei Wochen auf dem Markt, schon war es Aufmacher im *Spiegel* [siehe S. 17], in der *Süddeutschen Zeitung* [siehe S. 26] und in der ostdeutschen Zeitschrift *Das Magazin* [siehe S. 47], obwohl ich als Autorin völlig unbekannt war. *Der Spiegel* hat das Buch gelobt, und die *Süddeutsche* hat es stark kritisiert. So war das Spektrum der Positionen schon innerhalb von drei Tagen sichtbar geworden. Kontrovers wurde es dann, weil Ost und West so verschieden auf das Buch reagiert haben. Die Ostdeutschen mit großer Skepsis, mit viel Kritik, mit Abwehr. Die westdeutschen Medien eher mit Interesse einem Phänomen gegenüber und der Betonung, wie wichtig es sei, dass so ein Text überhaupt existiere. Man fand es interessant, etwas über die Geschichte dieser Generation zu erfahren, und stellte das Buch in den Kontext des Vereinigungsprozesses. Im Osten dagegen wurde zu großen Teilen über die Form des Textes und weniger über den Inhalt diskutiert. Das hat mich geärgert. Interessant aber fand ich dennoch, dass es neben der Abwehr gleichzeitig eine große Neugierde auf den Text gab und somit eine ganz konstruktive Spannung.

Noch immer aber überlege ich, und somit treffen Sie mit Ihrer Frage schon einen wunden Punkt, wodurch die ostdeutschen Reaktionen derartig emotional waren. Ich bin da noch mit keiner Antwort tatsächlich an ein Ende gelangt, glaube aber im Moment, dass es einen ganz fundamentalen Unterschied zwischen der gesteuerten und ungebrochenen Öffentlichkeit der DDR und der, sagen wir, postmodern-zersplitterten Öffentlichkeit der Bundesrepublik gibt. Nach der Wende ist die ostdeutsche Öffentlichkeit bald mit den westlichen Mechanismen von Meinungsrepräsentation zusammengestoßen. Ein einfaches Beispiel: Eine ostdeutsche Politikerin wie etwa Angela Merkel steht nie nur für ihr Amt, ihre Partei oder deren politische Inhalte, sondern immer für alle 16 Millionen, sie repräsentiert die ganze unsichtbare Schicksalsgemeinschaft der ehemaligen DDR-Bürger. Wie aber soll das gelingen? Wie soll man es da jedem recht machen? Für die einen ist sie zu westdeutsch, weil sie ihre DDR-Herkunft zu wenig herausstellt, würde sie jedoch stärker mit ihrer Vergangenheit arbeiten, wäre sie für viele vielleicht zu ostalgisch. In Ostdeutschland setzt ein solches Dilemma der Repräsentation offenbar sehr viele Gefühle frei.

TK: Sie haben mal in einem Interview gesagt, dass «Zonenkinder» nie als letzte Wahrheit, sondern immer als Diskussionsgrundlage gedacht war. Sind Sie denn mit der öffentlichen Debatte um das Buch zufrieden?

JH: Ich bin schon ein bisschen enttäuscht von der Rezeption des Textes. Besonders bei den Lesungen ist mir aufgefallen, dass die Diskussion über die Form des Textes die über den Inhalt beherrscht und dominiert hat. Im Zentrum stand die Frage nach dem «Wir». Natürlich wollte ich mit dem Text ein Identifikationsangebot machen. Ich wollte, dass jeder, der das Buch liest, mit seiner persönlichen Geschichte darauf antwortet, weil ich wollte, dass die Leute sich erinnern und sich mit ihrer eigenen Geschichte auseinander setzen. Für eine wirklich konstruktive Diskussion über die Thesen des Buches ist es aber hinderlich, wenn jeder mit seiner eigenen, individuellen Geschichte kommt. So kann man nicht über Phänomene sprechen. Die Thesen des Buches sind nicht intellektuell spielerisch aufgenommen worden, sondern eher verkrampft und mit so einem eigenartigen Wahrheitsanspruch an Dinge, die sich nur in der ganz persönlichen Geschichte prüfen lassen. Es gab ganz absurde Meldungen auf den Lesungen: «Ja, aber in der Küche im Plattenbau hat es doch Fenster gegeben.» Ich hatte geschrieben, es hätte da kein Fenster gegeben. Es gab natürlich Küchen, da waren welche drin, und es gab Küchen, da fehlten sie. Kein Grund, sich zu beschweren, finde ich. Das sind Details, die verstellen die eigentliche Beschäftigung mit dem Buch. Es sagt aber auch viel über die ostdeutsche Seele. Nun ist die DDR verschwunden, also klammert man sich an solche Details, als machten sie eine Biographie aus, als hänge die eigene Geschichte daran.

TK: Zu Recht bestehen Sie darauf, dass es sich bei «Zonenkinder» nicht um ein Buch über die DDR handelt, sondern um ein Buch über Erinnerungen an die DDR. Sie haben gerade selbst die Kritik an möglicherweise falschen Fakten angesprochen. Haben Sie denn überhaupt mit dem Ziel der lückenlosen Authentizität recherchiert, oder haben Sie ein Erinnerungsbuch geschrieben, in dem es zum Wesen der Erinnerung gehört, dass sie einfach fehlerhaft und fiktiv ist?

JH: Also, von einer fehlerhaften Recherche kann man nicht sprechen. Ich habe aber versucht, nachdem ich mir das ganze Material angelesen hatte, zu überlegen, was davon eigentlich in meinen Erinnerungen heute noch da ist. Ich wollte ja kein Geschichtsbuch schreiben. Ich wollte die Erinnerungen und Rechercheergebnisse als lebendiges, organisches Material nutzen. Es gibt zum Beispiel im ersten Teil des Buches eine Abbildung. Auf einem Foto sieht man einen Pionier. Hätte ich geahnt, dass viele Leser, bloß weil es ein Mädchen war, dachten, ich sei das, hätte ich natürlich das Foto eines Jungen genommen. Aber daran hatte ich nicht im Traum gedacht. Auf den Ärmeln der Pionieruniformen waren immer drei Streifen, aber im Buch steht: «Die Bedeutung der Zipfel des Halstuchs habe ich vergessen. Die drei roten Streifen an ihrem Ärmel lassen jedenfalls auf eine sehr hohe Amtsträgerin schließen.» Dann gab es bei den Lesungen wütende Reaktionen. Viele meinten, ich hätte schreiben sollen, was die Streifen genau zu bedeuten hätten. Ansonsten hätte ich es doch gleich lassen können. Aber die Form des Buches will nicht eindeutig sein. Sie oszilliert zwischen Autobiographie und soziologischer Studie, Subjektivität und Pauschalität, Literatur und Non-Fiction. Sie lässt viel Raum für Kritik, aber eben auch für die eigenen Erinnerungen, und vielleicht ist die Form, ohne dass ich mich überschätzen möchte, komplexer, als es der Ton des Textes vorgibt.

TK: Kommen wir nochmal zum «Wir» zurück. Als Sie sich für die Wir-Perspektive entschieden haben, war Ihnen da schon klar, was Sie damit bewirken würden? Wollten Sie damit bewusst etwas in Gang bringen?

JH: In diesen Ausmaßen habe ich die Wirkung nicht erwartet. Immerhin habe ich die Wir-Form ja nicht erfunden. «Generation Golf», «Generation Ally», das sind alles Bücher, die mit einem «Wir» als verallgemeinernder Form arbeiten. Hinzu kommt, dass jeder soziologische, jeder philosophische, ja jeder journalistische Text irgendwie, um Phänomene zu betrachten, verallgemeinern muss, wenn auch nicht immer in der offenen Form einer Wir-Perspektive.

Vorher habe ich natürlich viel mit Freunden darüber diskutiert. Beim Schreiben habe ich dann lange an der Perspektive gearbeitet. Vielleicht war es naiv, diese verallgemeinernde Form so stark herauszustellen. Allerdings glaube ich noch immer, dass ein Buch, das mit einem «Ich» gearbeitet, das also keine Generation beschrieben, sondern meine kleine Geschichte erzählt hätte, zu keiner Diskussion geführt hätte. Und das war es ja, was ich mir wünschte. Ich wollte ein Thema zurückbringen in die deutsche Öffentlichkeit und musste dafür provozieren.

TK: Von Alter und Herkunft könnte man mich wohl zur «Generation Golf» zählen. Ich kann mich noch erinnern, dass in meinem Umfeld Florian Illies' Buch weitgehend mit mild-wohlwollendem Interesse aufgenommen wurde. Von Kontroverse oder Provokation konnte damals nicht die Rede sein.

JH: Die Reaktion auf «Generation Golf», dieses Schulterzucken, das ist so eine postmoderne Aufgeklärtheit. Es ist normal, dass an jeder Ecke und zu jeder Zeit jemand eine Meinung äußert. Im Osten dagegen ist man mit so einem postmodernen Laissez-faire überfordert. Wie ich bereits sagte, ist man auch diese Art der Öffentlichkeit nicht gewöhnt. Vielleicht ist man dort noch irgendwie ehrlicher oder wahrhaftiger und pocht auf seine Individualität, was andererseits aber auch zu Verkrampfung und Bitterkeit führt. Diejenigen, die sich missverstanden oder falsch dargestellt fühlten, haben regelrecht gegen den Text gekämpft, nur weil sie das Gefühl hatten, dass der Text nicht ihrer Sichtweise entspricht.

TK: Es gibt einige sehr scharfe Kritiken an dem Text und auch an Ihnen als Autorin. Erlauben Sie mir diese Frage: Gab es Vorwürfe, Anfeindungen etc., die Sie persönlich getroffen haben?

JH: Zunächst einmal war ich mit jeder Form von Öffentlichkeit überfordert, ich hatte ja überhaupt keine Erfahrungen damit. Ganz schnell aber setzte ein sehr tief greifender Lernprozess ein, der auch schmerzhaft sein kann: Du kannst plötzlich nicht mehr kontrollieren, was über dich gedacht und gesagt wird. In einer vertrauten Umgebung, unter Freunden und Bekannten weiß man ungefähr, welches Bild sich die Leute von dir machen, und du kannst es beeinflussen oder dir zumindest Mühe geben. Das ist mit einem Tag vorbei. Erst heute, da die Aufmerksamkeit nachgelassen hat und ich nur noch wenige Leseveranstaltungen habe, realisiere ich, wie angespannt ich damals war. Ich hatte bei jeder Lesung Angst, dass irgendetwas passieren könnte, dass irgendjemand aufsteht und etwas ruft. Daher ist auch die Lust, in den nächsten Jahren ein zweites Buch zu schreiben, für mich so gering. Ich will mich dem Ganzen nicht so schnell wieder aussetzen. Und ich genieße es im Moment sehr, nicht mehr in der Öffentlichkeit zu stehen, und freue mich jeden Tag darüber.

TK: Ein zentraler Vorwurf gegen die «Zonenkinder» war ja, dass Sie in Ihrem Buch sehr deutlich die Anpassung an westdeutschen Lebensstil beschreiben. Für viele Ostdeutsche bedeutete das offenbar eine Art Verrat an ostdeutscher Identität.

JH: Die deutsche Popliteratur hat etwas eingeführt, das ich immer sehr bewundert habe. Rainald Goetz hat es als «Aufschrei der Affirmation» bezeichnet. Das, was dahinter steckt, versucht auch das Buch «Zonenkinder». Es versucht die Anpassung so zu beschreiben, dass zwar der moralische Fingerzeig verborgen bleibt und dennoch eine Kritik wirksam wird. Insofern sehe ich eigentlich auch die Beschreibung der Anpassung als Kritik am Vereinigungsprozess. Genau so ist es im Kapitel über die Eltern. Die Elterngeneration wird verabschiedet, als Verlierer benannt. Das ist natürlich ein kritisches Kapitel, das kritisch mit den Realitäten des Einigungsprozesses umgeht. Es beschreibt die

Fremdheit zwischen Kindern und Eltern, die durch einen so unglaublichen Bruch entsteht.

TK: Ohne Zweifel haben Sie aber mit «Zonenkinder» sehr viel für das Selbstbewusstsein einer Generation von Ostdeutschen getan. Wie steht es denn heute im Jahr 2004 um ostdeutsche Identität und ostdeutsches Selbstbewusstsein?

JH: Das ist schwer zu sagen. Ich glaube, dass sich im Osten so etwas wie die Normalität des Ausnahmezustands durchgesetzt hat. Jetzt, dreizehn, vierzehn Jahre nach der Wende, wird vieles hingenommen, obwohl man sich nach wie vor in einem Ausnahmezustand befindet. Ich bin sehr gern in der ostdeutschen Provinz, weil sie mich anrührt und traurig macht. Ich empfinde da einerseits viel für die Menschen. Und andererseits wirken die Zustände sehr deprimierend auf mich. Zudem verliert der Osten an Bevölkerung, das sieht man natürlich vor allem in der Provinz. Ich könnte ehrlich gesagt auch nicht mehr in der Provinz leben. Umso mehr bewundere ich Autoren wie Wolfgang Engler, der in seinem Buch «Die Ostdeutschen als Avantgarde» versucht, diesem Zustand etwas Positives, eine Hoffnung abzugewinnen. Ich könnte die Situation immer nur desillusioniert beschreiben. Vor allem wegen des Bevölkerungsrückgangs wird sich der Osten auf Dauer nicht wieder erholen. Das Leben dort wird sich einpendeln, aber nie vergleichbar sein mit dem Leben in Hamburg, München oder Berlin, Göttingen oder Augsburg.

Mir war, als ich an dem Buch schrieb, gar nicht bewusst, dass der Ostdeutsche an sich so nicht existiert. Es gibt den Ostdeutschen, der vor 89 ausgereist ist, es gibt den Ostdeutschen, der nach 89 in die alten Bundesländer übergesiedelt ist und eventuell wieder zurückgegangen ist, und es gibt den Ostdeutschen, der nie weggegangen ist. Das sind drei vollkommen verschiedene Gruppen mit vollkommen verschiedenen Erfahrungen. An den Reaktionen der Leser habe ich festgestellt, dass ich wahrscheinlich am ehesten für die geschrieben habe, die den Osten irgendwann, sei es vor 89 oder danach, verlassen haben. Ich selber habe auch eine Zeit lang in Frankreich studiert und bin dann nach Berlin gezogen. Ich dachte immer, die DDR bzw. Ostdeutschland nie verlassen zu haben, aber anscheinend hatte ich es schon lange verlassen. Vor allem auf der Lesereise durch die ostdeutsche Provinz bin ich immer wieder von Journalisten gefragt worden: «Sind Sie nicht stolz, aus dem Osten zu kommen?» Diese Frage hatte ich mir nie gestellt, weil ich glaube, dass Stolz nur die Umkehrung eines Minderwertigkeitskomplexes ist. Ich wollte diesen Minderwertigkeitskomplex eben nicht dadurch umkehren, dass ich sage: «Ich bin stolz, aus dem Osten zu kommen.» All diese Fragen wie «Wären Sie lieber aus dem Westen gewesen?» oder «Sind Sie nicht froh, dass Sie diese Erfahrung gemacht haben?» zielen darauf ab. Ich habe keine Lust, das eigene Leben in Konkurrenz zu einem anderen zu stellen. Vielmehr interessiert mich, es als Material zu behandeln. Was ich erlebt habe, war mein Material, und ich wollte es beschreiben, aber nicht mit anderen Lebensentwürfen oder -erfahrungen vergleichen.

TK: So, wie Sie es beschreiben, scheint es keine gemeinsame ostdeutsche Identität zu geben. Ihr Buch führt ja auch vor, wie Erleben in Erinnerung überführt wird und dann in der Gegenwart nur noch die Erinnerung bleibt. Der Osten scheint zu verschwinden. Können Sie das ganz ohne Wehmut mitverfolgen?

JH: Eine wichtige Motivation, um das Buch zu schreiben, war für mich die Traurigkeit darüber, dass die DDR nicht mehr als Erlebnisraum, sondern nur mehr als erinnerbares Material besteht. Ich war in den neunziger Jahren einer Vergangenheit hinterhergelaufen, die unwiederholbar verschwunden war, und habe immer auf den Moment gehofft, in dem sie wiederkehren würde. Von diesem Gefühl, von dem Wunsch, von der absurden Hoffnung habe ich mich freigeschrieben.

TK: Sie bezeichnen sich stellvertretend für Ihre Generation als Zwitterwesen zwischen Ost und West. Hat sich da entweder durch die Erfahrung dieses Buches und der Reaktionen darauf oder einfach im Laufe der Zeit etwas verändert? Sind Sie ostdeutscher oder westdeutscher geworden?

JH: Mit «Zwitterwesen» meinte ich, dass man zwischen mehreren Identitäten switcht. Ich überlege mir sehr genau, in welcher Situation ich welche Identität vorgebe. Wann ich versuche, westdeutsch oder westeuropäisch zu sein oder eben ostdeutsch. Es gibt bei mir aber auch lange Phasen, in denen es keine Rolle spielt. Das ist, glaube ich, der ganz entscheidende Unterschied zu den älteren Generationen: Ost und West sind keine Deutungsmuster mehr. Mir ist nicht jemand sympathisch, weil er aus dem Osten oder aus dem Westen ist. Während ich bei Gesprächen mit Älteren immer noch Erklärungen höre wie: «Der ist ja ein bisschen komisch, weil, der ist aus dem Westen.» Oder: «Der ist sympathisch, der kommt aus dem Osten.» Für mich, und ich glaube auch für einen Großteil meiner Generation, fällt so etwas weg. Als ich vor kurzem für ein paar Monate in Hamburg war, sagte jemand zu mir bei einem Abendessen: «Also ganz ehrlich, ich bin hier immer der Ossi geblieben.» Mir ging es nicht so, ich fühlte mich nicht als der «ewige Ossi».

TK: «Zonenkinder» hat seit seinem Erscheinen einen regelrechten Hype der DDR-Erinnerungen mitbewirkt. Ostalgie ist zum zynischen Erfolgsprodukt der Medienindustrie geworden. Wie ist das zu beurteilen? Ist jetzt die vollkommene Banalisierung der DDR eingetreten, oder hat sie endlich ihren rechtmäßigen Platz in der Informationsgesellschaft eingenommen?

JH: Dieses Phänomen «Ostalgie» muss man von ganz verschiedenen Seiten betrachten, vom Osten, aber auch vom Westen. Vielleicht erkläre ich zunächst mein Problem an der Debatte um die Ostalgie: Die Ostalgie-Debatte war keine Kritik an den Machern, sondern es war eine Kritik am Publikum. Das halte ich für ganz grundsätzlich verfehlt! Man hat den Leuten vorgeworfen, dass sie diese Ostalgie-Shows angucken, anstatt den Machern vorzuwerfen, wie sie versucht haben, die DDR zu reproduzieren. Fernsehen ist vor allem passives Konsumieren. Die Diskussion jedoch wurde zu einer Kritik am ostdeutschen Erinnern, und das halte ich für falsch. Mich hat es erschreckt, dass ich immer wieder damit in Verbindung gebracht werde. Wenn ich überhaupt versucht habe, gegen etwas anzuschreiben, dann ist es genau diese Form von Ostalgie.

Aber was sagt es eigentlich über westliche Medienverwertungen aus, dass die DDR so behandelt wurde, wie in den Ostalgie-Shows? Man muss sich über die Strukturen und Mechanismen der Medien unterhalten. Es hat sich deutlich gezeigt, dass so ein Gegenstand wie die DDR eben absolut nicht zur Samstagsabendunterhaltung taugt.

TK: Wieso eigentlich nicht?

JH: Weil das Thema zu komplex ist. Die DDR war ein System, das einerseits durch und durch politisch und andererseits durch und durch privat war. Ein bemerkenswerter Widerspruch der DDR war, dass sie durch die Allgegenwart der gesellschaftlichen Idee wie kaum ein anderes System private Nischen produziert hat. Es gab unglaublich viele Menschen, die fernab von jeglichem politischen oder gesellschaftlichen Alltag gelebt haben, und zwar gerade als Gegenreaktion auf die Allgegenwart des politischen Systems. Ich glaube, so etwas konnte man sich in einem westlichen System gar nicht vorstellen. Die Mitbestimmungsrechte im Westen spielen zwar für das Leben keine große Rolle, aber dennoch ist man viel stärker daran interessiert, etwas vom politischen Leben mitzubekommen. In der DDR hat man entweder mitgemacht, oder man hat sich vollkommen davon verabschiedet. Das ist die Schizophrenie der DDR, aber die lässt sich in solchen Ostalgie-Shows nicht transportieren und löst sich in Erinnerungsseligkeit auf.

Erinnerungsshows aus dem Westen funktionieren ganz anders. Es gab hier immer ein Nebeneinander von Privatem und Öffentlichem, keine Überlagerungen, aber eben auch keine Gegensätze. Deswegen kann ich mir Shows über die sechziger oder siebziger Jahre in der Bundesrepublik ansehen und habe keineswegs das Gefühl, da gehörten jetzt auch die Studentenproteste von 1968 oder die RAF hinein. Bei den Ostalgie-Shows dagegen hat man immer das Gefühl, es fehlte etwas.

TK: Die DDR ist ein auch zeitlich geschlossenes System, das man rückblickend analysieren und bewerten kann. Die Entscheidung, was zu den notwendigen Erinnerungen gehört, ist für jeden viel leichter zu treffen. Wir wissen heute, welches Ereignis wichtig war in der Entwicklung bis zum Ende der DDR. Wenn da etwas fehlt, dann merkt man es.

JH: Ja, genau! Aber nichtsdestotrotz haben die Ostalgie-Shows eines geschafft: Auch sie haben die Erinnerung ideologisch entschlackt. Und das finde ich wichtig. Es gibt den Leuten einen Teil ihrer Geschichte zurück, der lange Zeit vernachlässigt worden ist. Die Ostalgie-Shows oder die Debatte darum zeigen, was jahrelang verdrängt wurde, denn das kommt umso stärker, umso machtvoller, fast traumatisch, wieder hervor. Hätten diese ganzen Lieder, Fernsehsendungen oder Produkte einfach weiterexistiert, hätte man solche Shows nicht machen können. Diese Dinge werden als Fetische aus einer verlorenen Zeit wieder hervorgeholt und museal ausgestellt wie in einer Vitrine.

Die Euphorie war nichts anderes als jahrelange Verdrängung.

TK: Insgesamt distanzieren Sie sich von den Symptomen der Ostalgie-Welle. Ist es für Sie eine unangenehme Vorstellung, dass möglicherweise Ihre Leser die sind, die sich dann treu die Ostalgie-Shows in SAT 1, RTL usw. angekuckt haben? Dass sie vielleicht mit «Zonenkinder» das gleiche Bedürfnis befriedigt haben?

JH: Nein, aber ich denke natürlich darüber nach, wie ich eigentlich mit diesem kleinen Ausschnitt Kindheit umgegangen bin. Ich habe versucht, diese Kindheit anhand von Produkten und Markennamen, Kindheitshelden etc. zu entstauben und wieder als Erinnerung zugänglich zu machen. Diese DDR-Shows erweitern das, was ich mit der eigenen Kindheit versuche, auf 40 Jahre DDR. Die Macher aber ignorieren, dass das politisch-unbewusstes Erleben ausschließt. Wenn ich nur von der Kindheit spreche, meine ich die unschuldige Zeit, in der man sich eben noch nicht klar ist, in welchem System man lebt, inwieweit man Mitverantwortung trägt oder schuldig wird. Wäre ich für mein ganzes Leben so vorgegangen wie die Macher dieser Shows, wäre es mir heute unangenehm.

Ein weiterer Unterschied ist, dass es mir nicht um Unterhaltung geht. Mir geht es um Erinnerung. Ich habe mal in Thüringen in einem Ort gelesen, wo es keine Universität oder Fachhochschule gibt. Bei der Lesung waren nur Leute zwischen 50 und 60, und ich fühlte mich ein bisschen wie auf einer Betriebsfeier. Ich habe das Kapitel über die Kindheit gelesen. Die Leute waren begeistert, obwohl sie offensichtlich nicht der Generation der «Zonenkinder» angehörten. Da sieht man, wie statisch die DDR gewesen ist. Eine Kindheit in den 80er Jahren hat ähnlich funktioniert wie eine in den 60er Jahren, sodass die Fünfzig- und Sechzigjährigen sich eben auch angesprochen fühlten. Außer-

dem zeigte man mir, dass das, was ich für die Kindheit
für diese Generation geschrieben habe, diese Leute gerne
für ihr ganzes Leben lesen oder sehen würden. Sie möchten
ihre Vergangenheit nicht immer nur unter politischen
Aspekten betrachten, sondern unter privaten.

TK: Es scheint mir so, als hätte in den letzten Jahren die Auseinandersetzung mit dem Begriff der Nation in Deutschland zugenommen. Historiker
streiten um die Formen des Gedenkens an die deutsche Geschichte.
Ein Film wie «Das Wunder von Bern» würdigt die Geburt eines deutschen
Selbstbewusstseins. Und in der Popindustrie wird Deutschland zur Trend-
marke. Ist die intensivere Beschäftigung mit einer Jugend im Osten und
einer Kindheit in der DDR Bestandteil dieses allgemeinen Versuchs der
Rückbesinnung auf nationale Identität? Oder sind das vollkommen unterschiedliche Phänomene?

JH: Es sind in der Tat ganz unterschiedliche Phänomene,
man kann sie lediglich ähnlich begründen. Ich glaube, sowohl die Erinnerung der Ostdeutschen an die DDR, aber
auch die der Westdeutschen an ihre Geschichte hat eine
ganz ähnliche Ursache, nämlich das Ende einer Epoche.
Man kann sich erst an etwas erinnern, wenn es vorbei ist.
Die Bundesrepublik hat diesen Bruch von 89 zwar nicht
so inhaliert, wie es die Ostdeutschen tun mussten, weil es
für die auch ein Bruch im Privaten war, während der Westdeutsche sehr lange keine persönlichen Auswirkungen
der Wende gespürt hat. Trotzdem glaube ich, dass auch für
die Westdeutschen etwas – wenn auch schleichend – zu
Ende gegangen ist. Anfänglich haben viele in den alten
Bundesländern noch gedacht: «Na ja, die Ossis sind jetzt
mal ein bisschen da, aber die verschwinden schon wieder,
und dann sind wir wieder unter uns». Erst nach und nach
wurde ihnen klar, dass dieser Zustand doch bleibt und dass
sich das Land, in dem sie leben, verändert hat. Das verändert die Identität der Bundesrepublik nachhaltig. Natürlich

haben auch der Regierungswechsel von Kohl zu Schröder oder der Umzug von Bonn nach Berlin den Menschen auf einer persönlichen Ebene klar gemacht, dass sich Deutschland verändert.

Aber um auf die Frage der Rückbesinnung auf nationale Identität zurückzukommen: Letztlich geht die deutsche Teilung auf den Zweiten Weltkrieg zurück. Viele haben sie, glaube ich, als eine Strafe für die Schuld am Zweiten Weltkrieg verstanden. Und vielleicht hatten viele erst, als die Teilung Deutschlands als sichtbare Konsequenz des Krieges überwunden war, das Gefühl, dass nun der Zweite Weltkrieg wirklich und endgültig vorbei ist. Und das verändert natürlich die nationale Identität.

TK: In einem *Tagesspiegel*-Artikel, haben Sie über Ihre Jugend den Satz geschrieben: «Geschichte, so schien es mir, wird von anderen gemacht.» Das verbindet bestimmt die Jugenderfahrungen in Ost und West. Im Herbst 2003 ist ein Artikel im *Spiegel* erschienen, in dem Sie mit sehr viel Sympathie die protestierenden Studenten beschreiben. Wird heute immer noch die Geschichte von anderen gemacht?

JH: Ich habe den Text über die Studentenproteste geschrieben, weil ich feststellte, dass ich auf einmal eine Sympathie für die Protestierenden hegte. Viele Jahre hatte ich politisches Engagement als etwas Heuchlerisches empfunden. Es interessierte mich nicht. Ich habe die Motivation nicht verstanden. Diesmal wollte ich mir genauer angucken, was die machen. Ich hatte das Gefühl, dass es da eine neue Qualität gibt. Die 90er Jahre zeichneten sich durch einen unglaublichen politischen Pragmatismus aus. Die gesellschaftliche Utopie hatte verloren. Die Studenten, die jetzt auf die Straßen gegangen sind, sind in dieser Situation aufgewachsen. Die heute 20- bis 25-Jährigen beginnen, diesen Pragmatismus wieder in Frage zu stellen. Noch meine Generation hat das nicht getan. Wir haben doch bei allen politischen Entscheidungen gedacht: «Okay, es gibt keine Alternative dazu.» Wir übernehmen das Vokabular der Politiker, die politische Richtungsentscheidungen immer mit dem Tatbestand des Faktischen legitimieren. An Alternativen haben wir nicht mehr gedacht. Ich glaube, diese ganze junge Generation, d. h. auch die Nachfolgegeneration der «Generation Golf», ist diesen blinden Pragmatismus leid. Es muss Alternativen geben, wir können auch anders denken. Das fand ich sehr sympathisch, und es hat mich interessiert.

TK: Welche Haltung kann man denn diesem Pragmatismus entgegensetzen?

JH: Erst einmal nur den Zweifel. Das ist aber ganz viele Jahre nicht getan worden. Keine politische Interessengemeinschaft, außer vielleicht die Gewerkschaften, die aber immer unter Anachronismusverdacht stehen, hat die politische Kultur des Pragmatismus in Frage gestellt. Die Studenten aber können ihre Zweifel anhand ihrer eigenen persönlichen Situation legitimieren, und deswegen erscheint ihre Haltung glaubhaft. Sie werden regelmäßig mit Entschlüssen konfrontiert, dass Bildungsausgaben und Mittel der Universitäten gekürzt werden, obwohl in keiner Sonntagsrede eines Politikers fehlen darf, dass der Bildungsstandard Deutschlands gestärkt werden muss. Dieser Widerspruch ist so offensichtlich. Da werden Zweifel nachvollziehbar.

TK: Dennoch, politisches Engagement aus dem Geist des Zweifels? Ich dachte immer, man müsse an etwas glauben, um die Dinge zu verändern?

JH: Es geht um den Zweifel an der Faktizität der Gegebenheiten und um den Glauben, dass man die Gegebenheiten nicht mehr so hinnehmen muss. Das ist kein Widerspruch.

TK: Wenn man Sie so reden hört, fragt man sich, ob es nicht auch eine Option für Sie sein könnte, politisch aktiv zu sein.

JH: Wenn ich jetzt 21 oder 22 wäre, dann würde ich mich wahrscheinlich bei den Studentenprotesten engagieren. Ansonsten beobachte und beschreibe ich das lieber, wenn auch mit Sympathie. Ich halte es ohnehin für falsch, den Intellektuellen oder Künstlern vorzuschreiben, sie müssten sich politisch engagieren. Eher muss es da eine Trennung geben, zwischen Leuten, die Politik machen, und anderen, die beobachten, sie einschätzen oder eben mit Sympathie verfolgen.

TK: In dem erwähnten Text spielen Sie auf einen grundsätzlichen Wandel an, der sich in den heutigen Protesten bereits andeutet. Wird eine junge Generation die deutsche Gesellschaft tiefgreifend verändern?

JH: Hier die Krise der New Economy und dort die Auflösung des Sozialstaates. Eine solche Situation hat sicher Konsequenzen. Der Gegensatz zwischen «Drinnen» und «Draußen», zwischen den Leuten, die einen Job haben, und denen, die keinen haben, verschärft sich. Das allein wird den sozialen Status beherrschen. Es wird für die, die keinen haben, immer schwerer, wieder einen zu bekommen. Prinzipiell werden die Leute auf zwei Arten reagieren, entweder mit Rückzug oder mit Engagement. Die heutige Studentengeneration, also die Jüngsten, wird kämpfen. Die Enttäuschten der New Economy reagieren wahrscheinlich mit Rückzug, für die sind die guten Zeiten vorbei, an denen die Jüngeren nie teilhatten.

Moritz Baßler

Die «Zonenkinder» und das «Wir»

Ein Nachwort

Der Erfolg von Jana Hensels «Zonenkinder» spricht für sich, aber was sagt er eigentlich? Jedenfalls handelt es sich nicht, wie bei vielen jener Bücher, die stapelweise im Eingangsbereich der Buchhandlungen liegen, um den Erfolg eines Buches als Konsumgut – der würde sich in Zustimmung erschöpfen und wäre, an literarischen Ansprüchen gemessen, trivial. Literarischen Ansprüchen? Ist das nicht schon ein falscher Maßstab? Schließlich wird «Zonenkinder» doch als Sachbuch, als Nonfiction verkauft, und in der Tat richten sich Zustimmung und Ablehnung dieses Buches nicht in erster Linie nach ästhetischen Kriterien. Aber welcher Disziplin sollte dieses Sachbuch eigentlich entstammen? Weder die Soziologie noch die Geschichtswissenschaft noch andere Kulturwissenschaften stehen für die Sache ein, von der es berichtet. Dies tun allein das Buch selber und seine Autorin.

«Zonenkinder» ist – so meine These – ein Sachbuch aus dem Geiste der Literatur, und zwar der jüngsten Literatur. Kaum ein Rezensent hat versäumt, es auf Joachim Illies' «Generation Golf» aus dem Jahre 2000 zu beziehen. Bereits dort waren die Archivierungsverfahren der so genannten Popliteratur, die Katalogisierung von Markennamen, Musik-, Film- und Fernsehtiteln, zur Erfassung des Erfahrungsbestandes einer ganzen Generation instrumentalisiert worden.[1] Illies' selbstsichere und erfolgreiche Bestandsaufnahme der Welt der Anfang der 70er in der Bundesrepublik Geborenen verlangte offenbar nach einem Gegen-

---

[1] Vgl. Moritz Baßler: Der deutsche Pop-Roman. Die neuen Archivisten. München 2002.

entwurf Ost. Dorther stammt auch die erste Person Plural, das «Wir» der «Zonenkinder», an dem sich so viele seiner Rezensenten und Leser gestoßen haben. Illies war es gelungen, mit diesem «Wir» eine mächtige, multifunktionale Textinstanz zu schaffen und sie sprachprägend auf den titelgebenden Generationsnamen zu taufen. Ein Beispiel aus seinem Buch:

> Stolz erzählten wir uns am Telefon, wenn wir unser selbstverdientes Geld wieder in ein neues Paar Boss-Schuhe gesteckt hatten. Dabei erwähnten wir auch, daß es schon recht teuer sei, 299 Mark, als wir damit anfingen, inzwischen sogar 349 Mark [...]. Es war schon immer etwas teurer, einen besonderen Geschmack zu haben. Das leuchtete uns von Anfang an ein. [...] Denn so tolerant unsere Generation ist, so intolerant ist sie in Stilfragen: Die richtige Kleidung kann alles wettmachen.[2]

Im ersten Satz bezieht sich das «Wir» noch auf zwei konkrete Jugendliche, Marco und den Erzähler. Der Text erzählt hier aus autobiographischer Distanz, das geschilderte Verhalten ist bestimmten Einzelpersonen zugeschrieben. Im zweiten Satz wird mit dem «inzwischen» dann auf eine Gegenwart umgeschaltet, in der sich außer den Preisen nichts geändert hat. Die referierte Haltung ist damit auf Dauer gestellt. Die Reaktion auf den unmarkierten Werbeslogan aber («Es war schon immer etwas teurer [...]») wird schon nicht mehr bloß zwei individuellen Jungs aus wohlhabendem Hause zugerechnet: Das «Uns» steht für «unsere Generation», und die Generation kann man bekanntlich nicht wechseln (daher steht der letzte zitierte Satz im Präsens). Illies' scheinbar ironisch-distanzierter Blick auf die Sozialisation einer Generation erlaubt es, viele sprechende Details zu ar-

---

[2] Florian Illies: Generation Golf. Eine Inspektion. Berlin 2000, S. 148.

chivieren; am Ende jedoch mündet er stets in affirmierende Verhaltensregeln, in die zustimmende Identifikation mit dem, was bei dieser Sozialisation am Ende herausgekommen ist – nämlich man selbst. Der Grundton solcher ironischen Distanz ist nicht kritisch, sondern liebevoll. Illies bekommt so eine Menge von der eigenen Kultur in den Blick; dabei sieht er aber nirgendwo einen Grund, sein Leben zu ändern.

Eine gewisse Fähigkeit zur distanzierten Diagnose der eigenen Herkunft gehört durchaus auch sonst zu gelungenem autobiographischem Schreiben. Normalerweise allerdings beruht sie auf einer Art augustinischem Bruch mit den Positionen der eigenen Vergangenheit, auf einer Struktur von unaufgeklärtem Vorher und erleuchtetem Nachher (die im undramatischsten Falle durch bloßes Erwachsenwerden entsteht). Diesen Bruch verweigert Illies. Sein «Wir» fungiert als ein großer und problematischer Gleichschalter, der Vorher und Nachher, ironische Distanz und Affirmation, analytische Beobachtung und geschmacksbestimmende Arroganz, reiches Yuppietum und übergreifenden Generationsanspruch zusammenzwingt. Seltsamerweise hat sich über dieses «Wir» jedoch nie jemand wirklich aufgeregt. Wem die Welthaltung, die hier analysiert und zugleich propagiert wird, fremd oder unsympathisch war, der kam gar nicht auf die Idee, sich mit eingeschlossen fühlen zu müssen, und für Zustimmung lässt Illies' Text offenbar Raum genug. Seine Leser können sich an den Dingen vergnügen, die sie wieder erkennen, ohne deshalb den Zwang zu spüren, sich Boss-Schuhe kaufen zu müssen. Darin beerbt Illies mit seiner «Inspektion» (so der Untertitel) die fiktionale Popliteratur der späten 1990er Jahre von Nick Hornbys «High Fidelity» und Christian Krachts «Faserland» (1995) bis Stuckrad-Barres «Soloalbum» (1998). Auch hier war es einer breiten, jungen Leserschaft offenbar kein Problem, sich an der literarischen Ersterfassung ihrer Pop- und Medienkultur zu freuen, ohne dabei alle Idiosynkrasien der jeweiligen Ich-Erzähler oder gar ihrer Autoren zu teilen. Der vom Feuilleton anfangs geäußerte Verdacht des «Geschmacksterrorismus» wurde von den Lesern der Popliteratur nicht bestätigt. Auf Stuckrad-Barre-Lesungen traf man nur wenige Anzugträger.

Da fragt man sich doch: Warum verkehrt sich diese entspannte Rezeptionshaltung gegenüber dem «Wir», das Jana Hensel gebraucht, in ihr Gegenteil? Warum empfinden viele Ost-Leser in dieser ersten Person Plural die Aufforderung, sich identifizieren zu müssen – eine Zumutung, die dann gelegentlich zu heftigen Abgrenzungsbewegungen führt? Denn neben einer positiven Identifikation hat offensichtlich noch eine andere Lesart zum Erfolg der «Zonenkinder» beigetragen: Eine überwältigende Anzahl von Leuten kauft und liest dieses Buch auch und gerade, um sich aktiv von dem, was darin erzählt wird, abzusetzen, ihm seine Repräsentativität für jedwedes «Wir» abzusprechen. «Zonenkinder» fungiert eben nicht nur als «Integrationsliteratur», wie manche Kritiker das glauben machen wollen, schon gar nicht als Integration in den Westen; es ist ein Erfolg auch im Dissens.[3] Nicht wenige Leser haben sich mit der Lektüre dieses Buches freiwillig einer Lektüre ausgesetzt, die wehtut.

Unsere Eltern, so sehen wir es, sind müde und ein bisschen zu alt für die neue Zeit. Sie sind die Sitzenbleiber einer anderen Epoche, die sich gerade erledigt hat und aus der nur Carmen Nebel, das Ampelmännchen, Nordhäuser Doppelkorn, Plauener Spitze und die PDS übrig geblieben sind. Wer wollte es uns da verübeln, dass wir uns ihnen überlegen fühlen und glauben, die Dinge besser verstanden zu haben als sie? [...]

[3] Vgl. Alexander Cammann: Auf der Suche nach dem DDR-Gefühl. Siehe S. 61ff.

Wir wollen Geld verdienen und allen zeigen, dass wir die Spielregeln des Westens gelernt haben und damit umgehen können.[4]

Wer hier einen «selbstgefälligen Ton» hört,[5] hat wohl nicht richtig gelesen. Von der souveränen Arroganz eines Illies ist sie, näher betrachtet, denkbar weit entfernt: «so sehen wir es», «Wer wollte es uns da verübeln» – beinahe übervorsichtig ist diese Prosa durchgängig im Bewusstsein eines empfindlichen ostdeutschen Über-Ichs geschrieben, das die Dinge mit Sicherheit anders sieht und dem auch die Tendenz zum Verübeln nicht fremd ist. Hensels «Wir» ist der Versuch einer Panzerung gegen diese Instanz.

Ein zweiter wesentlicher Unterschied zu Illies liegt in der Bedeutung des Epochenwechsels von 1989. Über ihn muss Hensels «Wir» immer wieder hin und zurück, während es bei Illies eine solche Zäsur, wie gesagt, gar nicht gibt: Was war, war gut und ist es immer noch. Bei Hensel hingegen muss das, was war, erst mühsam wieder rekonstruiert werden, und das, was davon allenfalls «übrig geblieben» ist, hat mit dem eigenen Selbst nichts mehr zu tun (wie der Katalog von Carmen Nebel über Nordhäuser Doppelkorn bis zur PDS sinnfällig vor Augen führt). Diese Prosa ist nicht selbstgefällig und nicht selbstsicher, sie ist angespannt (wenn auch nie so verkrampft wie die Haltung einiger ihrer Kritiker); und das ist auch kein Wunder, denn hier stehen ganz andere Dinge auf dem Spiel als bei Illies. In der Generationsliteratur West erfolgt die Selbstbestimmung per Abgrenzung in Gestalt eines munteren 68er-, Hippie- oder Studenten-Bashings, das niemandem wehtut.[6] Hensel aber muss sich gegen

---

[4]   Jana Hensel: Zonenkinder. Reinbek 2002, S. 80.
[5]   Wie Jens Bisky: Traumbilder vom Osten in den Farben des Westens. Siehe S. 31.
[6]   So kann auf dem Umschlag von *Soloalbum* mit einem Harry-Rowohlt-Zitat

alle abgrenzen: gegen sich selbst in einem früheren Leben, gegen die Älteren (nicht nur der Elterngeneration), gegen die Gleichaltrigen aus dem Westen und jene aus dem Osten, die nie weggegangen sind, sowie gegen die Jüngeren, in deren Biographie die Vorwendezeit keine Rolle mehr spielt. Man sieht: Für das «Wir», das sie meint, bleibt nur ein schmaler Streifen Fruchtlands, und es ist keine lockere Übung, ihn abzustecken, geschweige denn zu beackern. Im Gegenteil: Jede Abgrenzung droht hier jemanden zu verletzen oder zu kränken, und das Kapitel über die Eltern ist das stärkste des Buches, weil es sich darin am weitesten wagt. Wenn man gelegentlich die Beanspruchung einer Autorität herausliest, die sich daraus speist, dass Hensel, im Gegensatz zu den genannten Gruppen ihrer potenziellen Kritiker, über Erfahrung in Ost *und* West verfügt, so ist das als Akt kompensatorischer Selbstermächtigung nur allzu verständlich.

Aber warum dann überhaupt das «Wir», warum nicht bei einem «Ich» bleiben, an dem sich niemand gestoßen hätte? Schließlich gibt es inzwischen eine wachsende Ost-Erinnerungs-Literatur jüngerer Autoren und Autorinnen, die sich mit der ersten Person Singular bescheiden, wie z. B. Claudia Ruschs «Meine freie deutsche Jugend» (2003). Ich halte, wie gesagt, dieses «Wir» für ein Erbe der Popliteratur. Während Claudia Rusch eine individuelle Geschichte zu erzählen hat, eine DDR-Sozialisation mit dissidenten Eltern, die Robert Havemann nahe standen etc., waren die Verfahren des Popromans stets darauf ausgerichtet, jede Art von individueller Geschichte ihrer Helden möglichst blass zu halten (ein bisschen Liebeskummer reichte meist als narratives Gerüst), um dafür möglichst viel literarische Energie aus dem Sammeln und Generieren von popkulturellen Phänomenen zu gewinnen.

geworben werden: «Normalerweise lasse ich mich nicht von Jungspunden als Jeansjackenträger beschimpfen. Bei Benjamin v. Stuckrad-Barre mache ich ausdrücklich eine Ausnahme.»

Wie viel von der eigenen Kultur ins Textarchiv gelangt und mit welcher Definitionsmacht man an den Assoziationen und Wertungen der Popkultur mitschreibt, darüber bestimmt sich die Qualität und Wirkung dieser Texte. Schon bei Hornby geriet die Fiktion dabei in einen eigentümlichen Widerstreit mit dem nicht-fiktionalen Sachbezug seiner Hitlisten, für deren Geltung nicht allein die Romanfigur, sondern letztlich der Autor selbst einstehen musste.[7] Dass Illies den Schritt ganz aus der literarisch-fiktionalen Sphäre hinaus vollzieht, hat also eine gewisse Folgerichtigkeit. Damit überantwortet er jedoch das literarische Gelingen, das bei Stuckrad-Barre und anderen immer einem Balanceakt zwischen Archivieren und Generieren, zwischen Plausibilität und Originalität geschuldet war (der auch mal scheitern konnte), dem nichtfiktionalen Anspruch, für eine Generation zu sprechen – und ebendies erforderte den Schritt vom «Ich» zum «Wir». Auch Illies will ja nicht seine eigene, individuelle Geschichte erzählen, sondern die Enzyklopädie einer Kultur erfassen; und Jana Hensel, wie gesagt, schließt sich hier an.

Ein Satz wie «Wir wollen Geld verdienen und allen zeigen, dass wir die Spielregeln des Westens gelernt haben» ist ein hybrider Satz, ein Satz, der einer doppelten Sprechlogik folgt. Er analysiert die Verhaltenslehre einer bestimmten Gruppe und steht zugleich für diese Gruppe ein. Die Selbsttechnik Hensels besteht darin, das Analysierte nicht zu leugnen und nicht zu verbergen, sondern als Faktum zu bejahen – auch wenn es wehtut. Was auf diese Weise entsteht, ist nicht mehr Literatur im engeren Sinne, kein herkömmliches autobiographisches Schreiben und schon gar keine Memoirenliteratur. Man könnte vielleicht von autoso-

---

[7] Vgl. Moritz Baßler: Was ist Sache? Literarische «Arbeit in Gegenwart» am Beispiel von Nick Hornbys High Fidelity. In: M.B./Ewout van der Knaap (Hg.): Die (k)alte Sachlichkeit. Herkunft und Wirkungen eines Konzepts. Würzburg 2004, S. 264–274.

ziologischem oder autoethnologischem Schreiben sprechen. Ein solches Schreiben ist notwendig hybrid: Die Glaubwürdigkeit von Jana Hensels «Sachbuch» steht und fällt damit, dass die Autorin zu den Fällen gehört, die sie darstellt, denn daraus bezieht es seine Autorität. «Das Buch interessiert als Symptom», schreibt Bisky, und damit hat er Recht, nicht aber mit der negativen Wertung, die er daran knüpft.[8] Denn «einen erstaunlichen Verzicht auf Analyse»[9] kann man den «Zonenkindern» wiederum nur vorwerfen, wenn man den über das Persönliche hinausgehenden, «autoethnologischen» Anspruch schon anerkannt hat und also wenigstens teilweise realisiert sieht. Hensels Buch ist beides zugleich: eine Abhandlung über die Kultur, um die es geht, und ein Dokument ebendieser Kultur. Es ist Ethnographie *und* Selbsttechnik, aber eben keines davon in reiner Form – immer fällt das eine dem anderen ins Wort. Deshalb braucht Hensel ihr «Wir»: Ein «Ich» würde den soziologischen, ein «Sie» den *auto*biographischen Aspekt verleugnen, und auf beide kommt es gleichermaßen an.

Der Ärger und das Abgrenzungsbedürfnis, die Hensels Text bei Kritikern und bisweilen auch Lesern ausgelöst hat, rühren ebenfalls aus diesem Doppelcharakter ihrer Prosa her. Wäre nicht mit dem «Wir» ein allgemeiner Repräsentationsanspruch gesetzt, könnte man «Zonenkinder» als Einzelfall abtun, als Memoiren genießen. Und stünde die Autorin nicht zugleich als Zeugin für das ein, was sie beschreibt, könnte man ihr Buch eben als Sachbuch, als Analyse einer bestimmten Bevölkerungsgruppe abheften, die man für zutreffend oder inadäquat halten mag. In beiden Fällen wäre das Buch nicht zum Anlass jener breiten Diskussion geworden, die in diesem Band dokumentiert ist. Sie belegt, dass

---

[8]   Bisky: Traumbilder vom Osten. Siehe S. 25.
[9]   Ingo Arend: Der Setzkasten der Erinnerung. Siehe S. 30.

Jana Hensels «Zonenkinder» einen Nerv seiner Zeit getroffen hat. Das Buch spricht nicht souverän aus einer wohl definierten Position heraus; es praktiziert ein hybrides Schreiben, das sich allein in der Performanz, in seiner Wirkung auf die aktuelle Situation bewähren konnte – und das hat es getan.

Man darf vermuten, dass die Erinnerungsliteratur, die jetzt folgt, womöglich deshalb auf das problematische «Wir» verzichten kann, weil Hensels Buch und die Debatte, die es angestoßen hat, mit diesem «Wir» jenen Schrift- und Erinnerungs-Raum etabliert haben, in dem sich Bücher wie das von Claudia Rusch seither ansiedeln können. Interessant ist in dem Zusammenhang das Nachwort, das der große «Ich»-Autor Wolfgang Hilbig dem Bändchen von Rusch beigegeben hat.[10] «Ich muss die Geschichten dieses Buches auf mich beziehen. – Auf mich, als Einzelfigur», beginnt es, um viereinhalb Seiten später zu enden: «Wir waren ganz normale Menschen [...]. Niemand auf der weißen Schwedenfähre am sonnigen Horizont der Ostsee wusste von uns, aber jetzt, nicht zuletzt durch dieses Buch, sind wir in die Wirklichkeit zurückgekehrt.»[11] Nach Jana Hensel können die Ost-Autorinnen getrost wieder beim «Ich» bleiben, weil das, was sie so zu Papier bringen, jederzeit auf jenen «Wir»-Raum bezogen werden kann, den Hensels «Zonenkinder» geöffnet haben. Gerade weil diese Öffnung zumindest teilweise in den Dissens führte und nicht in den Wir-waren-ganz-normale-Menschen-Konsens, weil sie nicht, wie Illies' «Generation Golf», zugleich eine definitorische Schließung bedeutete, dürfen wir auf dem Gebiet der Autosoziologie des Ostens noch einiges erwarten.

[10] Wie Thomas Brussig dieses Hilbig'sche «Ich» in sein karnevaleskes «wie wir» umgewandelt hat, habe ich anderswo beschrieben (vgl. Baßler: Der deutsche Pop-Roman, S. 60-69).

[11] Wolfgang Hilbig: Claudia Ruschs «Meine freie deutsche Jugend». In: Claudia Rusch: Meine freie deutsche Jugend. Frankfurt/M. 2003, S. 153-157.

Anhang

Autoren

Jana Hensel wurde 1976 in Leipzig geboren. Sie studierte in Leipzig, Marseille, Berlin und Paris. 1999 war sie Redakteurin der Leipziger Literaturzeitschrift EDIT. 2000 gab sie zusammen mit Thomas Hettche die Internetanthologie «Null» heraus. Sie lebt seit 1999 in Berlin, wo sie zunächst als freie Lektorin und Literaturkritikerin arbeitete. Im Herbst 2002 erschien ihr Debüt «Zonenkinder» im Rowohlt Verlag. Heute ist sie als Journalistin für verschiedene Zeitschriften und Tageszeitungen tätig.

Ingo Arend wurde 1955 in Frankfurt am Main geboren. Er war wissenschaftlicher Mitarbeiter von Petra Kelly. Seit 1990 ist er freier Kulturjournalist und seit 1996 Kulturredakteur der Wochenzeitung *Freitag* in Berlin.

Moritz Baßler wurde 1962 in Itzehoe geboren. Von 1998 bis 2002 war er Assistent am Lehrstuhl für Neueste deutsche Literatur der Universität Rostock. Seit 2003 ist er Professor of Literature an der International University Bremen. Zuletzt erschien «Der deutsche Pop-Roman. Die neuen Archivisten» (C. H. Beck Verlag, München 2002).

Jens Bisky wurde 1966 in Leipzig geboren. Er lebt als Feuilletonredakteur der *Süddeutschen Zeitung* in Berlin.

Alexander Cammann wurde 1973 in Rostock geboren. Er lebt als verantwortlicher Redakteur der Zeitschrift *vorgänge* in Berlin.

Doja Hacker wurde 1960 in Hamburg geboren. Im Piper Verlag, München, erschienen zwei Romane, «Nach Ansicht meiner Schwester» (2000) und «Bin ich böse» (2002).

Tom Kraushaar wurde 1975 in Düsseldorf geboren. Er war 2000 bis 2002 Redakteur und Geschäftsführer der Leipziger Literaturzeitschrift EDIT. Seit 2003 lebt er als Mitarbeiter des Rowohlt Verlages bei Hamburg.

Angela Merkel wurde 1954 in Hamburg geboren. Sie wuchs in Templin/Brandenburg auf. Seit April 2000 ist sie Vorsitzende der CDU Deutschlands.

Reinhard Mohr wurde 1955 in Frankfurt am Main geboren. Er war Mitarbeiter der Zeitungen *Pflasterstrand*, *tageszeitung* und *Frankfurter Allgemeine Zeitung*. Seit 1996 lebt er als Kulturredakteur des *Spiegel* in Berlin. Zuletzt erschien das Buch «Generation Z oder Von der Zumutung, älter zu werden» im Argon Verlag, 2003.

Christin Nitsche wurde 1975 in Erfurt geboren. 1999 zog sie nach Stuttgart, wo sie heute in einer Kommunikationsagentur arbeitet.

Michael Pilz wurde 1965 in Berlin-Köpenick geboren, wo er auch heute lebt. Seit 1998 ist er fester Autor für das Feuilleton der *Welt*.

Nils Schmidt wurde 1982 geboren und wuchs in Leipzig auf. Er studiert in Ilmenau/ Thüringen.

Manuela Thieme wurde 1966 in Berlin geboren. Seit 2001 ist sie Chefredakteurin der Monatszeitschrift *Das Magazin*.

Volker Weidermann wurde 1969 in Darmstadt geboren. Als Leiter des Feuilletons der *Frankfurter Allgemeinen Sonntagszeitung* lebt er in Berlin.

Sandra Yemesin wurde 1975 in Magdeburg geboren. Sie verließ im März 1990 Magdeburg und lebt heute als Buchhändlerin in Kevelaer am Niederrhein.

Quellenverzeichnis

Texte

Ein neues Land entsteht. Erste Stimmen
Weidermann, Volker: Glückskinder der späten Geburt. Frankfurter
 Allgemeine Sonntagszeitung, 8. 9. 2002
Mohr, Reinhard: Jenseits von Schkopau. Der Spiegel, 7. 10. 2002

Verklärung und Anpassung. Der Ärger über die Zonenkinder
Bisky, Jens: Traumbilder vom Osten in den Farben des Westens.
 Süddeutsche Zeitung, 9. 10. 2002
Arend, Ingo: Der Setzkasten der Erinnerung. Freitag, 8. 11. 2002

Generation ... Vom Buch zum Phänomen
Pilz, Michael: Generation Zone. Die Welt, 2. 10. 2002
Thieme, Manuela: Adieu, Pittiplatsch. Das Magazin, 9/2002

Rummel um die Zonenkinder. Texte zur Wirkungsgeschichte
Hacker, Doja: «Ich bin aber nicht traurig». Der Spiegel, 2/2003
Cammann, Alexander: Auf der Suche nach dem DDR-Gefühl.
 Vorgänge, 1/2003

Wir Zonenkinder. Leserkommentare

Merkel, Angela: Unser Selbstbewusstsein. Frankfurter Allgemeine Sonntagszeitung, 22.9.2002

Yemesin, Sandra: Eine Wärmflasche für meine Erinnerungen. Leserbrief ohne Datum

Schmidt, Nils: «War das wirklich so?». Leserbrief vom 16.1.2003

Nitsche, Christin: Solide DDR-Ausbildung. Leserbrief vom 3.3.2003

Div.: Melancholie und Strudel. Aus der Amazon-Debatte. Kundenrezensionen zu «Zonenkinder» auf www.amazon.de

Abbildungen

S. 11 Rowohlt Verlag, 2002

S. 25 André Kundernatsch, 2003

S. 42 Frank Wegner, 2002

S. 54 action press, 2002

S. 94 Sabine Sauer/Der Spiegel, 2003

Anmerkung des Verlages:

Trotz intensiver Bemühungen konnten nicht in allen Fällen die Rechteinhaber bzw. deren Aufenthaltsorte ermittelt werden. Berechtigte Interessen werden selbstverständlich im Rahmen der bestehenden Bestimmungen abgegolten.

Mehr über die «Zonenkinder»

Böhmer, André: Jana Hensel blickt auf Lebensgefühle der Wendekinder. Leipziger Volkszeitung, 10.10.2002

Bornholdt, Liane: Lehrreiche Bestseller als Museum einer Kindheit. Magdeburger Volksstimme, 15.11.2002

Brandt, Jan: Mit der Krise steigt die Sehnsucht. Die Tageszeitung, 26.11.2002

Deller, Ellen: Zwischen den Welten. Main-Echo, 8.12.2002

Festenberg, Nikolaus von: Kinder haften für ihre Eltern. Der Spiegel, 24.3.2003

Freundel, Natascha: Wir gehen ins Museum. Berliner Zeitung, 2.12.2002

Gabler, Wolfgang: Jana Hensel in Rostock: «Wir sind die ersten Wessis aus Ostdeutschland». Ostsee-Zeitung, 4.11.2002

Geer, Nadja: DDR-Safari. Die Zeit, 12.12.2002

Grün, Elisabeth: Sprachrohr der «Zonenkinder». Westdeutsche Zeitung, 20.2.2003

Hatzius, Martin: «Wessis aus Ostdeutschland». Neues Deutschland, 8.10.2002

Hildebrandt, Antje: Die Jungen Wilden aus dem Osten kommen. Hannoversche Allgemeine Zeitung, 4.1.2003/General-Anzeiger, 1.2.2003

Hodonyi, Robert: Unbehagen mit dem Wir. Die Tageszeitung, 4.2.2003

Hueck, Carsten: Jäger des verlorenen Schatzes. Financial Times Deutschland, 27.12.2002

Kahlefendt, Nils: Welcome, DDR! Börsenblatt, 40/2003

Karweik, Hans-Adelbert: Die Poliklinik heißt jetzt Ärztehaus. Wolfsburger Nachrichten, 5.3.2003

Kasselt, Rainer: «Wir sind die ersten Wessis aus Ostdeutschland». Sächsische Zeitung, 1.2.2003

Kron, Norbert: Willkommen in der Ich-Zone. Der Tagesspiegel, 17.11.2002

Kuckart, Judith: Ostdeutsches Pubertieren. Die Weltwoche, 5.12.2002

Lühe, Marion: Oden auf den Goldbroiler. Rheinischer Merkur, 7.11.2002

Meyer, Clemens: Unsere Zukunft. Kreuzer Spezial Buchmesse 2003, 3/2003

Müller, Anke: Die Wende im Kopf kam erst viel später. Kreuzer Spezial Buchmesse 2003, 3/2003

Praschl, Gerald: Generation heimatlos. SUPERillu, 7.11.2002

Richter, Stefan: Ein Gefühl von Wir. Der Tagesspiegel, 15.9.2002

Ruf, Christian: Wenn die Kindheit ein Museum ist. Dresdner Neueste Nachrichten, 1.2.2003

Ruppel, Ulrike: Wessis aus dem Osten. B.Z., 17.10.2002

Scheer, Anna: Mit abtrainiertem Dialekt. Märkische Allgemeine,
5.10. 2002

Schneider, Paula: Wenn wir Wir sagen. Kreuzer Spezial Buchmesse
2003, 3/2003

Stapf, Detlef: Ganz zu Hause gefühlt zwischen Buchdeckeln. Nord-
kurier, 12. 3. 2003

Strubel, Antje Rávic: Generationen-Bilder. Tip, 21/2002

Strubel, Antje Rávic: X. Was ist das und kann man es noch benutzen?
EDIT, Frühjahr 2003

Suhl, Nicole: Die Erinnerung der Zonenkinder. Lübecker Nachrichten,
16.11. 2002

Thienemann, Andreas: Verschwundene Generation. Westfalenpost,
2.10. 2002

Weiss, Konrad: Als aus Puffreis plötzlich Popcorn wurde. Publik-Forum,
8.11. 2002

Winkler, Ron: Die lange kurze Kindheit. Satt.org, 11/2002
(www.satt.org/literatur/02_11_hensel_1.html)

Literarische und autobiografische Texte zum Leben in Ostdeutschland

Altwasser, Volker H.: Wie ich vom Ausschneiden loskam. Roman.
Kiepenheuer & Witsch, Köln 2003

Boehning, Larissa: Schwalbensommer. Erzählungen. Eichborn
Berlin, Berlin 2003

Brussig, Thomas: Am kürzeren Ende der Sonnenallee. Roman.
Fischer Taschenbuch Verlag, Frankfurt/Main 2001

Brussig, Thomas: Helden wie wir. Fischer Taschenbuch Verlag,
Frankfurt/Main 1998

Dieckmann, Christoph: Hinter den sieben Bergen. Deutscher
Taschenbuch Verlag, München 2000

Gläser, Andreas: Der BFC war schuld am Mauerbau. Ein stolzer
Sohn des Proletariats erzählt. Aufbau Taschenbuch Verlag,
Berlin 2002

Glocke, Nicole/Stiller, Edina: Verratene Kinder. Zwei Lebens-geschichten aus dem geteilten Deutschland. Ch. Links Verlag, Berlin 2003

Hein, Jakob: Mein erstes T-Shirt. Piper Verlag, München 2001

Henning, Falko: Alles nur geklaut. Roman. Maro Verlag, Augsburg 1999

Henning, Falko: Trabanten. Roman. Piper Verlag, München 2002

Klier, Freya: Wir Brüder und Schwestern. Geschichte zur Einheit. Ullstein Verlag, Berlin 2002

Koch, Roland (Hg.): Der wilde Osten. Neueste deutsche Literatur. Fischer Taschenbuch Verlag, Frankfurt/Main 2002

Kubiczek, André: Die Guten und die Bösen. Roman. Rowohlt · Berlin, Berlin 2003

Kubiczek, André: Junge Talente. Roman. Rowohlt · Berlin, Berlin 2002

Lange, Bernd-Lutz: Mauer, Jeans und Prager Frühling. Patriarchat am Ende? Gustav Kiepenheuer Verlag, Leipzig 2003

Oskamp, Katja: Halbschwimmer. Geschichten. Ammann Verlag & Co., Zürich 2003

Rellin, Martina: Klar bin ich eine Ost-Frau! Rowohlt · Berlin, Berlin 2004

Rusch, Claudia: Meine freie deutsche Jugend. S. Fischer Verlag, Frankfurt/Main 2003

Sander, Gregor: Ich aber bin hier geboren. Erzählungen. Rowohlt Verlag, Reinbek 2002

Schmidt, Jochen: Müller haut uns raus. Roman. Verlag C. H. Beck, München 2002

Schmidt, Jochen: Seine Großen Erfolge. Deutscher Taschenbuch Verlag, München 2003

Schmidt, Jochen: Triumphgemüse. Verlag C. H. Beck, München 2000

Schindhelm, Michael: Roberts Reise. Roman. Deutsche Verlags-Anstalt, München 2000

Schoch, Julia: Der Körper des Salamanders. Erzählungen. Piper Verlag, München 2001

Schröder, Martin Z.: Allgemeine Geschäftsbedingungen. Roman. Alexander Fest Verlag, Berlin 2002

Simon, Jana: Denn wir sind anders. Die Geschichte des Felix S. Rowohlt · Berlin, Berlin 2002

Strubel, Antje Rávic: Offene Blende. Roman. Deutscher Taschenbuch Verlag, München 2001

Zöllner, Abini: Schokoladenkind. Meine Familie und andere Wunder. Rowohlt Verlag, Reinbek 2003

Sachbücher zum Thema

Biskupek, Matthias/Wedel, Mathias: Urlaub, Klappfix, Ferienscheck. Reisen in der DDR. Eulenspiegel Verlag, Berlin 2003

Busse, Tanja/Dürr, Tobias (Hg.): Das neue Deutschland. Die Zukunft als Chance. Aufbau-Verlag, Berlin 2003

Dieckmann, Christoph: Das wahre Leben im falschen. Geschichten von ostdeutscher Identität. Ch. Links Verlag, Berlin 1998

Engler, Wolfgang: Die Ostdeutschen als Avantgarde. Aufbau-Verlag, Berlin 2002

Engler, Wolfgang: Die Ostdeutschen. Kunde von einem verlorenen Land. Aufbau Taschenbuch Verlag, Berlin 2000

Förster, Peter: Junge Ostdeutsche auf der Suche nach der Freiheit. Verlag Leske + Budrich, Leverkusen 2002

Fricke, Karl-Wilhelm/Steinbach, Peter/Tuchel, Johannes (Hg.): Opposition und Widerstand in der DDR. Politische Lebensbilder. Verlag C. H. Beck, München 2002

Klein, Olaf Georg: Ihr könnt uns einfach nicht verstehen! Warum Ost- und Westdeutsche aneinander vorbeireden. Eichborn Verlag, Frankfurt/Main 2001

Langelüddecke, Ines: Gehen und bleiben. Essay in Heft 645 (Januar 2003) des «Merkur – Deutsche Zeitschrift für europäisches Denken»

Leinemann, Susanne: Aufgewacht. Mauer weg. Deutsche Verlags-Anstalt, München 2002

Mittenzwei, Werner: Die Intellektuellen. Literatur und Politik in Ostdeutschland 1945–2000. Verlag Faber & Faber, Leipzig 2001

Schroeder, Klaus: Der Preis der Einheit. Eine Bilanz. Carl Hanser Verlag, München 2000

Simon, Jana/Rothe, Frank/Andrasch, Wiete (Hg.): Das Buch der Unterschiede. Warum die Einheit keine ist. Aufbau-Verlag, Berlin 2000

Thumfart, Alexander: Die politische Integration Ostdeutschlands. Suhrkamp Verlag, Frankfurt/Main 2001

Wolle, Stefan: Die heile Welt der Diktatur. Alltag und Herrschaft in der DDR 1971–1989. Ch. Links Verlag, Berlin 1998

LIBRARY, UNIVERSITY OF CHESTER